雷丁传媒
READING MEDIA

以书为媒 阅读相伴

极简识人

3招教你看人不走眼

丁俊松⊙编著

民主与建设出版社
·北京·

© 民主与建设出版社，2024

图书在版编目（CIP）数据

极简识人:3招教你看人不走眼/丁俊松编著.--北京:民主与建设出版社,2024.8. -- ISBN 978-7-5139-4664-3

Ⅰ.C912.11-49

中国国家版本馆CIP数据核字第2024LJ9941号

极简识人:3招教你看人不走眼

JIJIAN SHIREN 3ZHAO JIAONI KANREN BUZOUYAN

编　　著	丁俊松
责任编辑	韩增标　王宇瀚
封面设计	末末美书
出版发行	民主与建设出版社有限责任公司
电　　话	(010)59417749　59419778
社　　址	北京市海淀区西三环中路10号望海楼E座7层
邮　　编	100142
印　　刷	三河市双升印务有限公司
版　　次	2024年8月第1版
印　　次	2024年8月第1次印刷
开　　本	710毫米×1000毫米　1/16
印　　张	11.75
字　　数	160千字
书　　号	ISBN 978-7-5139-4664-3
定　　价	58.00元

注：如有印、装质量问题，请与出版社联系。

第❶招
看外表：由表及里的识人智慧

第一节	精神气质	3
第二节	眼神	7
第三节	眉毛	11
第四节	鼻子	16
第五节	嘴唇	21
第六节	外套	28
第七节	领带和衬衫	34
第八节	帽子	39
第九节	鞋子	45
第十节	发型	51
第十一节	化妆	58
第十二节	眼镜	64
第十三节	首饰	67
第十四节	手表	72
第十五节	手提包	76

第 ❷ 招
辨语言：话里话外的心灵密码

第一节	打招呼	85
第二节	称谓	88
第三节	聊天	93
第四节	口头禅	98
第五节	说话习惯	103
第六节	语速	109
第七节	声调	112
第八节	语气	115
第九节	话题	121

第❸招
识动作：行为背后的真实意图

第一节　步态…………………………………… 129
第二节　站姿…………………………………… 133
第三节　坐姿…………………………………… 137
第四节　握手…………………………………… 141
第五节　写字…………………………………… 145
第六节　就餐…………………………………… 149
第七节　饮酒…………………………………… 154
第八节　驾车…………………………………… 158
第九节　跳舞…………………………………… 162
第十节　玩游戏………………………………… 165
第十一节　养宠物……………………………… 169
第十二节　旅游………………………………… 172
第十三节　体育运动…………………………… 176

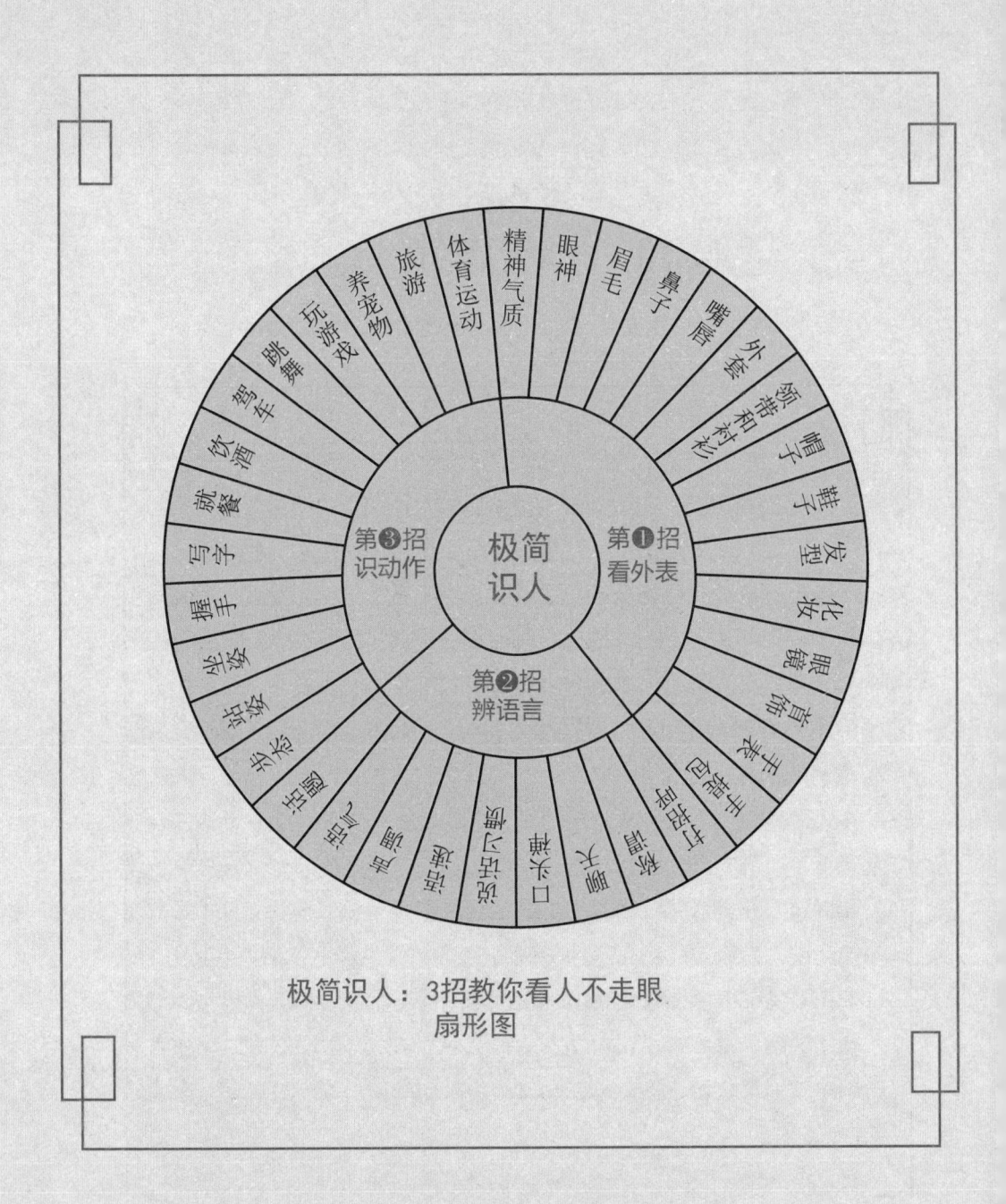

极简识人：3招教你看人不走眼
扇形图

第 1 招

看外表：
由表及里的识人智慧

外表，作为个体与世界沟通的初印象，是心灵状态的外在映射。它超越了单纯的视觉感受，成为认识一个人内在世界的窗口。外表不仅包括了人的相貌、衣着，更涵盖了举止、仪态等非言语信息。这些元素共同构成了一个人的"第一张名片"，影响着他人对其的初步判断和感知。我们将深入剖析外表所蕴含的深层意义和体现的内在品质。从一个人的表情到着装风格，每一处细节都可能成为了解一个人性格和心理状态的线索。

第一节　精神气质

古人云："有心无相，相逐心生；有相无心，相随心灭。"一个人的精神气质，犹如一面镜子，映照出他内心的真实世界。看懂一个人的内心真实世界也就能看懂这个人。

1. 喜乐无常的人

这类人常常展现出大喜大悲的情绪波动，他们的情绪像过山车一样起伏不定，让人难以捉摸。

喜乐无常的人，他们的情绪变化往往快速而剧烈。在一瞬间，他们可能还沉浸在欢笑和愉悦之中，下一刻就可能因为某些微不足道的小事而陷入愤怒和沮丧。他们的情绪表达常常显得夸张而极端，让人难以适应。

这种性格特质往往与他们的遗忘性有关。他们可能在大喜大悲之后，很快就将之前的情绪抛诸脑后，仿佛从未发生过一般。这种遗忘性让他们能够迅速地从一种情绪状态切换到另一种情绪状态，但也使得他们的情绪表达显得缺乏连贯性。

与喜乐无常的人相处，需要有一定的心理承受能力和情绪调节能力。我们需要学会适应他们的情绪波动，不被他们的情绪所影响，同时也要保持自己的理性。在与他们交流时，我们需要更加耐心和理解，尝试从他们的角度去理解他们的情绪变化，避免因为误解而产生不必要的冲突。

然而，喜乐无常的人也有他们的可爱之处。他们的情绪表达虽然夸张，但也往往充满了真诚和热情。他们的喜怒哀乐都毫不掩饰地展现在脸上，让人感受到他们的真实和坦率。如果我们能够以包容和认可的态度去接纳他们，也许能够发现他们性格中的独特魅力。

2. 沉稳文静的人

这类人能够控制住自己的情绪，展现出一种难得的稳重与冷静。

拿破仑曾经说过："能控制好自己情绪的人，比能拿下一座城池的将军更伟大。"这句话恰恰道出了沉稳文静之人的不凡之处。他们懂得情绪的力量，更懂得如何驾驭这股力量，使其为自己所用，而不是被情绪牵着鼻子走。

对于沉稳文静的人来说，情绪的稳定并非偶然，而是背后实力的体现，更是他们广阔格局的展现。他们深知，情绪一旦失控，就如同脱缰的野马，难以驾驭，更可能因此做出错误的决策，导致不可挽回的后果。因此，他们时刻保持清醒的头脑，用理性去分析和解决问题。

那些沉默寡言、看起来很沉稳的人，其实是真正的深藏不露。他们外表平静，不轻易说话，让人觉得他们平凡简单，也就放松了对他们的警惕。但实际上，他们心里很有主意，善于思考，遇到事情也能保持冷静，而且往往对很多事情都有很深刻的理解。

南怀瑾大师也说过，在人群中，那些最容易被我们忽略的，往往是那些不爱说话的人。但真正有实力的人，往往就是他们。因为他们懂得隐藏自己，不轻易展现自己的才华，所以不容易引起别人的注意。

我们有时候容易犯一个错误，就是容易被那些喜欢炫耀、到处显摆的人吸引。我们觉得他们好像很厉害，很了不起。其实，他们往往是因为心里没底，才需要用这种方式来掩饰自己的不足。

沉稳文静的人往往为人低调，不张扬。他们不会刻意去炫耀自己的成就，更不会在人前得意扬扬。即便在人生的低谷时期，他们也能保持冷静和坚韧，默默地积蓄力量，等待时机的到来。这种内敛和坚韧，正是他们性格中最为可贵的一部分。

同时，他们说话有分寸，能够管得住嘴。他们深知言多必失的道理，因此在与人交流时总是谨言慎行，不轻易发表过激的言论或做出冲动的行为。这种谨慎和自律，使得他们在人际交往中更能够赢得他人的尊重和信任。

3. 勇猛鲁莽的人

英国作家汉森曾言："凡事进易退难，谋定而后动，才是明智之举，率性莽撞而行，只能把自己置于不利的境地。"这恰恰道出了勇猛鲁莽之人容易陷入的困境。

在人际交往中，我们总是期待能够结交到性格真实的朋友，因为这样的友情更加纯粹和真挚。然而，性格真实与鲁莽之间往往只有一线之隔。有时，我们可能会误将性格鲁莽当作性格真实。

性格鲁莽的人在生活中并不少见，他们往往很真实，行事鲁莽冒失。这类人通常缺乏深思熟虑，行事冲动，直奔结果。

柏拉图曾言："耐心是一切聪明才智的基础。"然而，性格鲁莽的人却天生缺乏耐心，他们做事往往凭着一股猛劲。在工作中，这类人往往难以与同事或合作伙伴有效沟通，因为他们缺乏倾听和理解的能力，只关注自己的立场和观点。

在他们的世界观里，成功似乎总是来得轻而易举，他们期望种子今天种下，明天就能开花结果。面对困难和挫折，他们往往会越挫越勇，不达目的誓不罢休。

因此，与性格鲁莽的人共事或交朋友都需要格外谨慎。他们缺乏耐心，容易暴躁，这使得跟他们合作会感受到很强的压迫感，在重要的事务上，他们很少倾听别人的意见，自己掌握全局。

总之，勇猛鲁莽的人虽然有着独特的性格特质，但他们的目标感很强，很清楚他们要的是什么，并为之努力，直到达成为止。在人际交往中，我们需要保持强大的内心，避免跟他们正面冲突，以免陷入不必要的麻烦和困境。

4. 慵懒平静的人

这类人并非那种在突发情况下依然能保持平静的人，而是在平日里展现出一种慵懒而平静的生活态度。

在这个纷繁复杂的世界里，我们都在努力成为自己生活的主宰，从最初的青涩到最终的成熟。而在这个过程中，性格的塑造显得尤为重要。慵懒平静的人，他们似乎总是能从容面对生活的种种，不急不躁，悠然自得。

这类人往往有一个平和的心态，他们能够聚精会神地做自己的事情，不受外界的干扰。他们可能并不张扬，也不多言，他们静静地待在那里，仿佛万物都在他们的掌控之中。

周国平曾说："人生的使命就是把生命照看好，把灵魂安顿好。人生最好的境界是丰富的安静。"慵懒平静的人正是如此，他们活得通透而明朗。

这类人还有一个显著的特点，就是他们善于克制情绪，能够保持冷静和理智。他们不会被负面情绪所困扰，也不会在紧急关头失去理智。相反，当你遇到问题时，他们会是你忠实的倾听者，他们也会用冷静的头脑去帮你分析问题，找出问题的解决方案。

慵懒平静的人，他们用自己的方式诠释着生活的真谛。他们不追求轰轰烈烈的生活，也不喜欢张扬自己的成就。他们只是静静地做自己该做的事情，享受属于自己的那份宁静和安逸。

电影《教父》里有句著名的台词说："花半秒钟就能看透事物本质的人和花一辈子也看不透事物本质的人，注定是截然不同的命运。"而这所谓的"看透本质"，就是事物的底层逻辑。

看懂一个人的内心真实世界就能看透这个人的本质，就是识人的底层逻辑。底层逻辑是一种解决问题的思维模式。底层逻辑越坚固，我们解决问题的能力就越强。

第二节　眼神

正如古人所言："眼乃心之门户。"眼神交流，不仅是人与人之间沟通的一种方式，更是揭示一个人真实想法和内心感受的窗口。

在纷繁复杂的人际交往中，我们常常需要透过各种表象去探寻他人的真实意图。而眼神，正是这样一个不容忽视的细节。它有时明亮如星辰，有时黯淡如尘埃，每一次的闪烁和转动，都可能是对方内心情感的一次波动。

透过眼神看人由来已久。早在春秋战国时期，"亚圣"孟子便曾对此有过深刻的阐述："眸子不能掩其恶：胸中正，则眸子瞭焉；胸中不正，则眸子眊焉。"这番话道出了眼神与内心世界的紧密联系。一个人的言谈举止或许可以伪装，但眼神却是难以掩饰的。正如那句俗语所说："你的眼神出卖了你。"

比如，当一个人眼神明亮、炯炯有神时，往往意味着他内心充满自信和活力，对未来充满期待。有这种眼神的人通常性格开朗、乐观，善于面对挑战和困难。相反，如果一个人眼神黯淡无光、游离不定，则可能反映出他内心的迷茫和不安。有这种眼神的人可能缺乏自信，需要更多的支持和鼓励。

此外，眼神的闪烁和回避也是值得关注的细节。当一个人与你交流时眼神闪烁不定，或者频繁回避你的目光，这可能意味着他在隐瞒某些事情或者对你说谎。因为内心的愧疚和不安会让他的眼神变得不自然，难以与对方保持稳定的目光接触。

1. 眼神游离

心理学家认为，眼神游离的人通常具有以下性格特点：注意力不集中、情绪不稳定、思维敏感度高以及喜欢天马行空等。这种性格容易受到外界的干扰，情绪波动较大，对事物有自己独特的认知和见解。然而，在日常生活中，他们往往难以集中精力。对于这种性格的人来说，耐心和关心是非常重要的。

在社交场合中，眼神游离的人通常不容易与人交流互动，显得自闭寡言。然而，也有一些人在社交中表现得比较外向、大方，他们能够快速适应社交环境，与人广交朋友。因此，眼神游离的人在社交方面的表现是多样的。

眼神游离的人的性格较为活泼，特征明显。无论是沟通、交往还是实现目标，变化多端的性格特征都是其中的一个影响因素。因此，对于眼神游离的人来说，重要的是要认识到自己的性格特点，并积极寻求改进的方法。

眼神游离的人的性格特点较为复杂和多变。通过调整自己的心态，提升自己的内在素质，保持从一而终的坚持，他们可以更好地适应社会。同时，他们也应该认识到自己的性格特点，并采取相应的应对策略来改善自己在沟通、交往方面的诚实、守信能力。只有这样，他们才能更好地发挥自己的潜力，实现个人的成长和发展。

2. 眯眼

眯眼是一种表示怀疑或者不信任的眼神。如果一个人在交谈时频繁眯眼，那么很可能是因为他对对方说的话持怀疑态度，或者对对方的真诚度产生了疑问。这种眼神通常伴随着微微皱眉和眼角下垂的表情，给人一种不太友好，甚至是威胁的感觉。举个例子，当你在面试时，如果面试官频繁眯眼，那么很可能是因为他对你的回答持怀疑态度，或者对你的能力产生了疑问。此时，你可以通过更详细地回答问题、提供更多证据来证明自己的实力，从而打消面试官的疑虑。

另外，在日常生活中，如果你发现某个朋友或者同事频繁眯眼，那么可能是因为他对你的某些言行持怀疑态度。这时候，你可以主动与对方沟通，了解他的想法和感受，并解释自己的想法和意图，以消除误会和猜疑。

3. 瞪眼

瞪眼通常表示愤怒、不满或者不信任。若一个人在交谈时频繁瞪眼，往往是因为他对对方说的话或者行为感到非常不满，也有可能是因为他对对方的真诚度产生了怀疑。往往他会直接打断对方的说话或中止本次的对话。

比如，在商务洽谈中，如果你对某个提议或者方案表示不满，那么你可能会通过瞪眼来表达你的不满。此时，你会直接表达自己的想法和意见，直截了当地回应对方的问题和做法，你会认为只有这样才能达成更好的结果。

另外，在日常生活中，如果你在与某个同事交谈时，他频繁瞪眼，你要明白，对方对你的表达已表现出不满，这时候你需要简明扼要地直击问题的核心，告知目的和结果。

4. 注视

注视是一种深深打动人心的交流方式。当对方的眼神专注而明亮地注视着我们时，我们仿佛能感受到一股温暖的力量，它让我们感到被重视、被理解。

在交谈中，如果对方以注视眼神与我们交流，这往往意味着他们正在全神贯注地倾听我们的心声，尽力理解我们的观点和感受。这种眼神交流仿佛是一座桥梁，连接着彼此的心灵，让我们能够更深入地了解对方，建立起深厚的情感纽带。

注视还传递出一种自信和坚定。当我们通过注视与他人交流时，我们仿佛在用眼神告诉对方："我相信自己，也相信我们之间的交流。"这种自信不仅增强了我们的个人魅力，还让对方感受到了我们的诚意和决心。

在商务场合中，注视更显得尤为重要。一个自信而坚定的眼神，能够展现出我们的专业素养和诚信品质，让对方感受到我们的可信度和可靠性。这种眼神交流有助于建立信任，促进合作的顺利进行。

此外，注视在日常生活中也扮演着重要的角色。当我们注视亲朋好友时，我们传递出的是关心和温暖。这种眼神交流能够增进彼此之间的情感联系，让我们的生活更加充实和美好。

总之，注视是一种充满正能量的交流方式。它不仅能够加深彼此之间的了解和信任，还能够传递出我们的自信和关心。

眼神往往能最直接地反映出一个人的内心状态和性格特征。不同的眼神变化，往往蕴含着不同的信息，透露出一个人的真实想法和情感。因此，学会从眼神中读取信息，对于人际交往来说，无疑是一种重要的技巧。

当然，识人并非一蹴而就的技艺，它需要我们在日常生活中不断观察、学习和实践。通过不断积累经验和提升技巧，我们才能更准确地从眼神中看透一个人的性格。

第三节　眉毛

眉毛作为人的面部的一部分，虽看似微小，却蕴含了丰富的性格密码。若说眼睛是心灵的门户，那么眉毛便是那窗户，其形态、弯曲、浓淡，皆能映射出一个人的内心世界与性格特征。

平常和人交流，你是不是会不自觉地注意对方的眉毛变化？心理学研究表明，眉动则心变，在我们的身体语言里，眉毛的每一个动作，都反映着一个人当前特定的心声。这就意味着，人的喜怒哀乐、七情六欲可以从眉毛的一举一动上表现出来。

1. 眉毛上扬

当眉毛轻轻上扬时，这往往是一种惊讶或欣喜的情绪流露。想象一下，当你目睹一场精彩的魔术表演，那不可思议的瞬间是否让你的眉毛不由自主地扬起？这种自然的反应，正是内心喜悦或惊讶情绪的外在表现。值得注意的是，眉毛上扬的程度与惊讶的程度往往成正比，越是惊讶，眉毛便扬得越高。

经常扬眉的人，他们的眉毛似乎总是带着一种生动的弧度，仿佛内心深处总有一股热情和好奇在涌动。这样的人，他们的性格特点往往与开朗、乐观、积极等词汇紧密相连。

从心理学的角度来看，经常扬眉的人内心往往充满了活力和探索的欲望。他们乐于接受新事物，对未知的世界充满好奇，总是以积极的心态去面对生活中的挑战。他们的扬眉动作，不仅是对外界事物的一种自然反应，更是他们内心积极情绪的外在表现。

这类人在社交场合中往往表现出极高的热情和亲和力。他们的笑容和扬眉动作，很容易就能感染到周围的人，让人感受到他们的热情和友善。

他们善于与他人建立良好的关系，懂得倾听和理解他人的需求，因此在人际交往中往往能够收获不错的结果。

然而，经常扬眉的人也并非没有烦恼和挑战。他们可能会因为过于乐观而忽略了一些潜在的风险和问题，导致在某些情况下做出不够谨慎的决策。此外，他们的热情和好奇心有时也会让他们过于冲动，难以长时间保持专注和耐心。

而当我们看到单边眉毛上扬的情景时，这通常意味着一个人在怀疑、不认同他人的观点或表现。这种微妙的眉毛动作，可能暗示着对方正在对某个问题或遭遇产生疑惑，正在思考应对的方法。这种单边的眉毛上扬，往往透露出一种审慎和审视的态度。此外，眉毛先扬后抑的动态变化，则可能暗示着一种无可奈何的情绪，或是不愉快的惊奇。这种眉毛动作首先表现为扬起，稍作停留后迅速回落，往往还伴随着嘴角的下撇。这样的表情变化，无疑揭示出此人对与他打交道的人或遇到的事情感到不满和不开心。

但总体来说，经常扬眉的人是一种积极向上、充满活力的存在。他们的乐观和积极不仅能够感染到周围的人，也能够为自己带来更多的机遇和成功。

2. 眉毛耸起

眉毛耸起，往往是一个人内心情绪的一种强烈外在表现。当一个人在谈话或演讲中，即将触及核心要点时，他们的眉毛可能会不自觉地耸起，仿佛在无声地告诉听众："接下来我要说的，可是重点哦！"这样的动作不仅能够吸引听众的注意力，还能够增强话语的说服力和影响力。

除了表示即将触及要点外，眉毛耸起还可能反映出一种无可奈何的情绪或是不愉快的惊奇。当人们在面对一些无法改变的事实或是不如意的情况时，他们的眉毛可能会轻轻地耸起，伴随着一声叹息，表达出内心的无奈和失落。而当人们遭遇一些突如其来的、令人惊讶的坏事时，眉毛的耸起则可能伴随着惊讶的表情，显示出心中的不愉快和震惊。

研究表明，经常耸起眉毛的人往往具有敏锐的洞察力和强烈的好奇心。他们善于捕捉生活中的细节，对周围的一切都保持着高度的警觉和关注。这种敏锐的洞察力使得他们能够迅速捕捉到他人的情绪变化，从而做出准确的判断和反应。

同时，他们内心深处也充满了探索的欲望和求知的渴望。他们渴望了解世界的真相，不断追求知识和智慧。这种强烈的好奇心驱使他们不断学习、成长，不断挑战自己的极限。

然而，这种敏锐的洞察力和好奇心也给他们带来了一定的压力和挑战。他们可能会因为过于敏感而容易受到外界的影响，导致情绪波动较大。同时，他们也可能因为过于追求真相而陷入纠结和困惑，难以做出决策或错过机会。

在人际交往中，经常耸起眉毛的人往往表现出极高的情商。他们能够准确理解他人的需求和想法，他们严谨的态度和敏锐的洞察力使得他们在职场和社交场合中都能够游刃有余，取得不俗的成绩。

总的来说，经常耸起眉毛的人是一种聪明、敏锐、好奇且富有洞察力的存在。他们的内心世界丰富多彩，充满了探索和求知的欲望。虽然他们可能会面临一些挑战和压力，但他们的独特魅力和能力也使得他们能够在生活中脱颖而出，成为众人瞩目的焦点。

3. 眉毛皱起

眉毛皱起，这一表情往往是在我们面对强烈刺激或内心产生不良冲击时的典型反应。当眉毛紧锁，仿佛形成了一道屏障，这背后隐藏着的，可能是反感、厌恶或是不同意等复杂的内在情绪。

皱眉这一身体语言，无疑是我们性格和情绪的一种外在表现。当我们面对不喜欢的事物或人时，眉毛会不自觉地皱起，传达出我们内心的反感和厌恶。而当我们对某个观点或决策持不同意见时，皱眉也成了我们表达不满和异议的方式。

皱眉是一种自然的防御机制。当我们遇到烦恼、生气或害怕的事情时，皱眉能够帮助我们减少外界信息的输入，从而保护我们的内心世界不受过多伤害。因此，当我们看到一个人紧锁眉头、表情沉重时，可以想象他们内心正在经历着怎样的挣扎和困扰。

经常皱眉的人，他们的面部仿佛被一道无形的锁链紧紧锁住，眉毛总是处于半蹙状态，给人一种深思熟虑或是内心纠结的印象。这样的人，他们的特点鲜明且独特，内心世界也充满了各种复杂的情感和思考。

从心理学的角度来看，经常皱眉的人往往具有敏感细腻的性格。他们对周围环境的变化和他人的情绪波动都能迅速捕捉到，这也使得他们更容易受到外界的影响，产生不安和焦虑。他们思考问题的方式往往比较深入和全面，但这也可能导致他们在面对选择时犹豫不决，难以做出决定。

经常皱眉的人，内心深处可能正在经历着一些困扰和挣扎。他们可能对自己的未来感到迷茫，对人际关系感到困惑，或者对生活中的某些问题感到无解。这些内心的困扰使得他们的眉头难以舒展，仿佛被一种无形的力量所束缚。然而，正是这些困扰和挣扎，使得经常皱眉的人更加珍惜和感恩生活中的美好。他们懂得在困境中寻找希望，在挫折中成长。他们的敏感和细腻也使得他们更加善于观察和感知生活中的细节，从而发现更多的美好和感动。

擅长安慰人和出谋划策的人，在面对皱眉的人时，不妨主动伸出援手，给予他们关心和帮助。通过倾听和理解，我们可以帮助他们缓解内心的压力和困扰，让他们重新找回平静和自信。然而，如果我们并不擅长处理这类情况，或者与皱眉的人关系并不亲密，那么保持一定的距离或许是一个明智的选择。毕竟，每个人的内心世界都是独特而复杂的，我们需要尊重他们的感受和选择。

4. 眉毛挑动

当眉毛轻轻挑起时，它传递出一种友善和亲近的信号。这是一种向人示好的动作，能够有效地将他人的注意力吸引到你的脸上。想象一下，当你遇到心仪的人时，微笑的同时挑起眉毛，无须言语，对方就能感受到你的善意和亲近感。这种非言语的沟通方式，往往比言语更能打动人心。

然而，挑眉这一动作也需要注意使用的场合和对象。在关系较好的人之间，挑眉可以增进彼此的亲密度和信任感。但如果双方并不熟悉，过于轻率的挑眉可能会给对方留下轻浮或不尊重的印象，甚至在不经意间冒犯了对方。因此，在使用挑眉这一身体语言时，我们需要根据具体情况进行灵活运用。

此外，斜挑眉也是一种常见的眉毛动作。当一条眉毛向下降低，另一条眉毛向上扬起时，反映了眉毛斜挑者内心的怀疑和不确定。这种眉毛动作较多在成年男子脸上看到，它可能是对某个观点、情况或人的真实性产生疑虑的一种外在表现。

眉毛挑动与人的情绪状态密切相关。当人们感到兴奋或好奇时，眉毛往往会不自觉地挑起。这种动作有助于增加面部的表情丰富度，使他人更容易理解我们的情绪状态。同时，挑眉也可以作为一种积极的社交信号，帮助我们在人际交往中建立更好的联系和互动。

经常挑眉的人，他们的面部特征中总带有一丝俏皮与挑逗的意味，仿佛每一个挑眉的瞬间都在传递着内心的某种情绪和想法。这样的人，他们的特点鲜明且富有魅力，让人忍不住想要一探究竟。

经常挑眉的人往往拥有活泼开朗的性格。他们热爱生活，充满好奇心，对于周围的一切总是保持着一种探索和发现的热情。他们的挑眉动作，往往是在表达愉悦、兴奋，让周围的人感受到他们的活力和魅力。

经常挑眉的人，内心深处可能正在经历着一种积极的思考和决策过程。他们善于观察和分析，对于遇到的问题总是能够迅速找到解决的方法。他们的挑眉动作，有时也是在向他人展示自己的自信和决断力，让人感受到他们的能力和魅力。

然而，经常挑眉的人也可能因为过于活泼而显得有些冲动和不够稳重。他们可能会因为一时的兴起而做出一些不够理智的决定，需要时刻提醒自己保持冷静和理智。

轻挑的眉梢，透露出的是愉悦与轻松；紧锁的眉头，揭示出的是忧虑与紧张；舒展的眉宇，展现出的是平和与自信。每一种眉毛的形态，都是内心情感的真实写照，它们无声地诉说着我们的喜怒哀乐。

第四节 鼻子

在人的面部，鼻子是较为突出的部位，其形状、大小、高矮，往往能反映出一个人的内心世界和性格特征。极简识人中，鼻子不仅仅是一个呼吸器官，它更是面部特征中至关重要的一环，从鼻子的形态，我们可以窥见一个人的性格。

挺直的鼻梁，象征着主人的坚毅与果断。这样的人往往性格坚强，有着不屈不挠的精神，面对困难能够勇往直前。而鼻梁塌陷的人，则可能性格较为软弱，缺乏主见，容易随波逐流。宽鼻翼的人，往往心胸开阔，乐于助人，善于与人交往；而窄鼻翼的人，则可能较为自私，心胸狭窄，不善与人合作。

在心理学的研究中，也发现了鼻子与情绪之间的微妙联系。当一个人处于愤怒或紧张状态时，鼻孔往往会微微张大，鼻翼也会有所扩张。这种生理现象，正是内心情绪的外在表现。

1. 鼻孔膨胀

在谈话的过程中，当你发现对方的鼻孔稍微胀大时，这往往是一个值得关注的信号。它可能表示对方正处于一种得意或不满的情绪之中，也可能正在极力压制某种强烈的情感。

一般而言，人的鼻孔胀大是表现愤怒或者恐惧，因为当人处在兴奋或紧张的状态中时，生理上就会发生变化，呼吸和心律跳动会加速，所以会产生鼻孔扩大的现象。可以说，"呼吸很急促"一语所代表的是一种得意状态或兴奋现象。至于对方鼻孔出现扩大的现象，究竟是由于春风得意而意气昂扬，还是由抑制不满及愤怒所致，就需要从他在谈话中的其他反应来判断了。

在与人交谈时，要准确判断对方鼻孔膨胀所代表的情绪，需要综合考虑多种因素。例如，观察对方的面部表情、语气语调以及谈话内容等，都可以为我们提供线索。同时，也要结合具体的环境背景来进行分析。在不同的情境下，同一行为可能有着不同的含义。

经常鼻孔膨胀的人，其特点往往与他们的情绪表达方式和性格特征紧密相关。这类人通常具有以下几个显著特点：

他们往往情感丰富且易于显露。由于鼻孔的膨胀常常与情绪的波动相关联，因此这类人在情绪高涨时，无论是喜悦、愤怒还是恐惧，都容易通过鼻孔的变化表现出来。他们的情感表达相对直接，不善于掩饰内心的感受，这使得他们的情绪状态常常一目了然。

他们可能具有较高的情绪敏感度。由于经常体验到鼻孔膨胀的感觉，他们可能对于自身和他人的情绪变化更为敏感。他们能够迅速捕捉到周围人的情绪氛围，并对之做出反应。这种敏感度既可能使他们在人际交往中更具同理心，也可能导致他们过于容易受到外界情绪的影响。

他们可能具有较为强烈的个性。他们敢于表达自己的情感和立场，不轻易屈服于外界的压力。鼻孔膨胀作为一种较为明显的身体语言，往往能够强调他们的决心和自信。然而，这种强烈的个性也可能导致他们在处理问题时显得过于冲动或固执。

经常鼻孔膨胀的人可能需要注意情绪管理。他们的情绪表达较为直接，有时可能会因为一时的冲动而做出不理智的决定或行为。因此，学会控制情绪、保持冷静对于这类人来说尤为重要。通过培养情绪调节的能力，他们可以更好地应对生活中的挑战和压力。

2. 鼻翼抽动

当鼻翼出现抽动时，往往代表着对方正处于一种兴奋或紧张的状态。鼻翼的扩张和抽动，实际上是身体在应对紧张情绪时的一种生理反应。同时，这种动作也可能表明对方心中有不满或情绪积压，需要我们及时去了解和安抚。

除了紧张和兴奋，鼻翼抽动还可能反映出其他情绪。例如，当闻到刺激性或诱惑性气味时，鼻子通常会有明显的收缩动作，这表明对方可能对此产生了浓厚的兴趣或好奇。而如果鼻子出现不受控制的抽搐，则可能意味着对方正处于悲伤或痛苦的情绪之中。

在人际交往中，观察鼻翼的抽动，可以帮助我们更好地理解对方的情绪状态。但需要注意的是，每个人的情绪表达方式都有所不同，因此不能仅凭鼻翼的抽动就做出绝对的判断。我们需要结合其他身体语言、面部表情以及言谈举止来综合判断对方的情绪和心理状态。

此外，对于经常鼻翼抽动的人，我们可以发现他们通常具有较高的情绪敏感度和表达力。他们可能更容易受到外界情绪的影响，同时也更善于通过身体语言来表达自己的情感。

经常鼻翼抽动的人，他们在日常生活中往往展现出一些独特的特点，这些特点既反映了他们的个性，也揭示了他们在情绪表达上的倾向。

首先，这类人通常情感丰富且敏感。他们对周围环境的变化和他人的情绪状态都能迅速察觉，这使得他们在人际交往中具有较高的情绪感知能力。然而，这种敏感性也可能导致他们容易受到外界情绪的影响，情绪波动较大。

其次，经常鼻翼抽动的人往往具有较为强烈的情绪表达欲望。他们不善于掩饰自己的情感，当内心产生某种情绪时，往往会通过身体语言，如鼻翼抽动等方式表现出来。这种直接的情绪表达方式既能够让他们真实地表达自己，也可能让他们在某些场合下显得过于冲动或缺乏自我控制。

此外，这类人可能具有较为活跃的想象力和创造力。鼻翼抽动这一动作，在某种程度上反映了他们内心世界的丰富和多变。他们往往能够迅速联想到各种情境和可能性，从而在思考问题和解决问题时展现出独特的思维方式。

然而，需要注意的是，经常鼻翼抽动的人有时也可能因为过于情绪化而显得不够理性。他们可能会因为一时的冲动而做出错误的决定，或者在处理问题时缺乏冷静和客观的分析。因此，对于这类人来说，学会控制情绪、保持冷静是至关重要的。

3. 鼻头冒汗

鼻头冒汗，这一看似寻常的现象，在人际交往的微妙棋局中，却常常成为窥探对方内心世界的窗口。在谈判桌上，鼻头出汗的一方往往透露出内心的焦躁与紧张，这种情绪状态往往会在博弈中处于劣势。

心理学研究表明，当人处于紧张或焦虑状态时，身体会自主调节体温，通过出汗来散热。而鼻头作为面部的一个显著部位，其出汗现象往往更容易引起他人的注意。因此，我们在与人交往过程中，发现对方鼻头突然冒汗，这往往意味着对方内心正处于一种紧张或焦虑的情绪状态。

对于天生容易鼻头冒汗的人来说，这可能是一种生理现象，无须过多解读。然而，如果一个人在正常情况下鼻头突然冒汗，尤其是在排除温度影响后，那么这很可能是一种心理反应。例如，在谈判过程中，如果对方鼻头冒汗，这可能意味着对方急于达成协议，内心充满了焦虑与不安。他们可能担心交易失败会带来巨大的损失或不利后果，因此心情焦急紧张，陷入一种自缚的状态。

鼻头冒汗作为一种非言语性的沟通方式，往往能够传递出比言语更为真实的信息。在人际交往中，我们应该学会观察并解读这一细微的动作变化，从而更准确地把握对方的情绪状态和心理需求。同时，我们也需要学会控制自己的情绪，避免因为紧张或焦虑而暴露自己的弱点。

经常鼻头冒汗的人，通常具有较为敏感的情绪。他们对于外界的刺激和变化往往能够迅速感知，并在情绪上做出相应的反应。这种敏感性使得他们在人际交往中能够更深入地理解他人的情感，但同时也更容易受到情绪的影响，导致情绪波动较大。

经常鼻头冒汗的人往往在面对压力和挑战时表现出较高的紧张度。无论是工作、学习还是生活中的各种场景，只要遇到需要集中注意力和做出决策的情况，他们就可能因为内心的不安和焦虑而鼻头冒汗。这种紧张状态既可能激发他们的潜力，让他们更加专注和努力，也可能导致他们在关键时刻出现失误或失去自信。

此外，这类人在处理问题时可能缺乏一定的冷静和理性。由于情绪容易受到波动，他们可能在面对复杂或棘手的问题时，难以保持冷静思考，而是更容易受到情绪驱使做出冲动的决策。这种情绪化的处理方式有时可能会带来短期效果，但长期来看可能不利于他们的个人成长和事业发展。

然而值得一提的是，经常鼻头冒汗的人往往具有较高的热情和积极性，对于感兴趣的事物或目标，会投入大量的精力去追求和实现。同时，他们也更容易表达自己的情感和需求，与他人建立深入的情感联系。

因此，对于经常鼻头冒汗的人来说，学会情绪管理和应对压力是至关重要的。通过培养冷静思考的能力、学会放松和调节情绪的方法，他们可以更好地应对生活中的各种挑战和压力，发挥出自己的优势和潜力。同时，在人际交往中，理解和尊重他们的情绪表达方式，给予他们足够的支持和鼓励，也将有助于建立更加和谐、健康的人际关系。

鼻子作为面部的重要组成部分，它的形态和特征确实能够反映出一个人的性格特征。因此，在识人过程中，我们既要关注面部特征所透露出的信息，也要关注人的行为和言语，以全面、客观地了解一个人。

在与人相处时，我们应该以开放和包容的心态去理解他们，通过多方面的观察和交流来建立真实而深入的关系。一个人的行为特征是多种因素共同作用的结果，我们不能仅凭鼻子的形态就对他们做出片面的判断。在极简识人中，看鼻子只是其中的一个环节。它虽然重要，但并非全部。真正的识人妙招，应该是一种全面、深入的了解和观察，需要我们在日常生活中不断积累经验和智慧，需要我们用心去感知、理解、接纳每一个人的独特之处。

第五节 嘴唇

眼睛,帮助人们洞察外界的万千变化。而嘴巴,则是用以表达自我,将内心的世界展露无遗。所谓"祸从口出",很多时候,我们在用嘴巴表达自己时,稍有不慎,便会给自己招来不必要的麻烦。

嘴唇开合之间,尽显性格之底蕴。古人有云:"言为心声。"一个人的话语,正是他内心世界的真实写照。喜欢说刻薄话的人,往往心胸狭窄,难以容人;而喜欢说鼓励话的人,则多半乐观向上,善于激励他人。

嘴巴,作为人类表达情感、交流思想的重要器官,其形态、动作和言语,都蕴含着丰富的信息。一张能说会道的嘴,不仅能够传递思想,更能够抚慰人心,凝聚人脉。会说话的人,往往能够运用语言的魅力,与他人建立良好的沟通关系。他们的话语中,充满了真诚与善意,能够给人以安慰和鼓励。在与人交流时,他们善于倾听和理解对方的感受,能够用恰当的语言表达自己的观点和想法,从而赢得他人的信任和尊重。而那些不善言辞的人,则往往因为表达不清或言语不当而错失良机。他们的内心或许充满善意,但由于缺乏表达技巧,往往无法将自己的想法准确地传达给他人。这不仅会影响他们的人际交往能力,还可能阻碍他们的事业发展。

心理学研究也表明,嘴唇动作与性格之间或存在着密切关系。一个人嘴唇做出相关的动作,往往能够反映出他的心理状态和性格特点。因此,在识人过程中,我们可以通过观察一个人的嘴唇动作来初步判断他的内心世界和性格特征。

1. 嘴巴紧闭

我们时常能观察到,有些人的嘴巴似乎总是合不拢,无论是日常闲聊还是激烈辩论，他们的嘴巴都在不断地开合，言语如瀑布般倾泻而出。然而，与之形成鲜明对比的，是那些总是紧闭双唇的人。

这类人，即使在最轻松愉快的氛围中，也往往保持着一种近乎庄严的沉默。他们的嘴唇仿佛被一层无形的力量所束缚，即使偶尔露出笑容，也往往是那种淡淡的、不露齿的微笑。这种微笑，如同初升的朝阳，虽然温暖却带着一丝疏离。

即便是在与人交谈甚欢的时候，他们也会在说完话之后迅速恢复原来的表情，仿佛是在刻意隐藏自己内心的真实情感。这种快速的转变，让人不禁感到一种莫名的距离感，仿佛他们总是戴着面具，让人难以窥见他们的内心世界。

这类人一般警戒心较强，对人对事都保持着一种谨慎的态度。他们或许曾经在人际关系中受到过很多挫折，因此双唇的紧闭成了他们自我保护的一种方式。他们害怕自己的真实想法和情感被别人窥探，因此选择用沉默来筑起一道防线。

他们也是表情管理的践行者。或许是因为对自己的容貌不太满意，他们害怕自己多余的表情会给别人留下不好的印象。因此，他们刻意控制自己的面部表情，尤其是嘴巴的形态，以展现出一种沉稳、内敛的形象。

他们也可能是比较孤僻的人。由于不常与人交流，他们的嘴部肌肉可能无法得到充分的锻炼，导致他们不能灵活地控制自己的表情。这种孤僻的性格和缺乏交流的经验，进一步加深了他们的沉默和谨慎。

然而，无论出于何种原因，这种嘴巴紧闭的状态都反映了他们内心的某种需求和情感。或许我们应该给予他们更多的理解和关怀，帮助他们打开心扉，释放内心的情感。

2. 嘴角上扬

那些嘴角微微扬起的人，仿佛是生活中一道温暖的风景线。他们的微笑如同春天的微风，轻轻拂过人们的心田，带来一种说不出的舒适与愉悦。相比于面无表情或嘴唇紧闭的人，他们的笑容仿佛有一种魔力，能够瞬间融化人与人之间的冰冷与隔阂。

一个脸上始终挂着微笑的人，必定是内心充满阳光与热爱的。他们懂得生活并不总是平坦无波，也会有烦心事与不如意。但他们明白，这些挫折与困扰都是生活的一部分，无法避免。因此，他们选择将注意力集中在那些美好的事物上，让自己的心灵得到滋养与慰藉。

在生活中，我们不难发现许多上班族常常眉头紧锁，面带愁容。他们或许在繁重的工作压力下喘不过气，感叹着"上班如上坟"。然而，那些嘴角轻扬的人却能够看透生活中的苦难，他们知道，无论选择烦恼还是开心，一天都会过去。既然如此，何不让自己的心情更加愉悦，让有限的人生过得更加充实与精彩呢？

嘴角轻扬不仅是他们好心态的体现，更是他们为人处世的一种态度。他们对待人和事都充满了随和与宽容，不轻易被外界所干扰。他们明白，人生苦短，与其在纠结与抱怨中度过，不如用微笑去迎接每一个新的挑战与机遇。

因此，那些嘴角上扬的人，他们用微笑传递着爱与温暖，成为我们生活中不可或缺的一道亮丽风景。他们的存在，让我们相信，在这个纷繁复杂的世界里，依然有着美好与希望。

3. 舔嘴唇

舔嘴唇这一动作，看似简单，实则蕴含着丰富的心理内涵。在日常生活中，我们或许经常见到有人不自觉地舔嘴唇，而这一行为背后可能隐藏着多种情感和动机。

首先，嘴唇干燥是最直接的原因。当嘴唇因缺水而变得干燥时，人们会本能地想要用舌头去滋润它，以缓解不适感。尤其是在秋冬季节，空气干燥，更容易导致嘴唇干裂。因此，为了呵护嘴唇，我们可以选择使用唇膏等保湿产品，避免嘴唇干燥。

舔嘴唇这一动作并不仅仅是因为嘴唇干燥。在心理学上，舔嘴唇还可能是一种掩盖潜意识真实想法的表现。当一个人试图用说谎的形式来隐瞒某个事实时，他内心的紧张和不安往往会通过肢体语言表现出来，舔嘴唇就是其中之一。因此，在与他人交流时，如果对方表现出舔嘴唇等微表情迹象，我们应提高警惕，仔细分析其真实意图。

然而，舔嘴唇并非总是出于掩饰的目的。在某些情况下，它还可能是一种恐惧和自我防护的表现。进化心理学家认为，人类祖先在早期曾有蠕动舌头的行为，这是一种示弱和自我保护的动作。这一微表情在现代社会依然存在，当一个人在害怕或惊慌时，舔嘴唇可能有助于他们快速思考并评估所处形势，这是一种示弱和自我保护的行为。相较于男性，女性在这方面的表现可能更为明显，因为她们的情感更为丰富和细腻。

总之，舔嘴唇这一简单的动作背后可能蕴含着多种复杂的情感和动机。无论是因为嘴唇干燥、掩饰真实想法、挑逗暗示还是恐惧防护，我们都可以通过仔细观察和分析来了解对方的心理状态。

4. 咬嘴唇

咬嘴唇常常与内心紧张有关。当个体面临压力、不确定或紧张的情境时，如内向的人在众人面前发言，或是等待重要结果时，他们可能会下意识地咬住嘴唇。由于紧张时心跳加速、血液流动加快，导致唇部出现微胀感或微痒感，从而引发咬嘴唇的行为。此外，咬嘴唇也可以被视为一种转移注意力的方式，帮助个体在紧张情境中缓解压力。

除了紧张，焦虑也是导致咬嘴唇的常见原因。与紧张不同，焦虑更多表现为对未来的担忧和不安。在某些特定情境下，如面临重大决策或困境时，一个人可能会通过咬嘴唇来掩饰内心的焦虑情绪。这种行为可能是无意识的，但它确实能够反映出个体内心的焦虑状态。

此外，咬嘴唇还可能是恼怒的表现。当个体遇到难以忍受的事情或感到愤怒时，他们可能会下意识地咬住嘴唇，以表达内心的愤怒和不满。然而，有趣的是，女性在尝试通过咬嘴唇展现凶狠形象时，往往会被认为更加可爱，这可能与性别角色和社会期待有关。

失败和悔恨也可能导致咬嘴唇的行为。当个体未达到预定目标或犯下错误时，他们可能会咬嘴唇。这种动作通常伴随着其他身体行为，如叹气、摇头等，共同反映出个体内心的悔恨和自责。

咬嘴唇还可以被视为强做隐忍的表现。当个体被人误解或侮辱时，他们可能需要忍耐并解释，这时咬嘴唇成了一种抑制愤怒和不满的方式。这种动作通常出现在情绪爆发的前期阶段，预示着个体内心的挣扎和不满。

除了咬嘴唇外，人们还可能通过咬笔杆、咬指甲等行为来寻求心理安慰。这些动作与咬嘴唇具有相似的含义，都是个体在内心紧张、不安或不舒服时的一种自我调节方式。

5. 噘嘴唇

噘嘴唇这一表情动作在人际交往中并不罕见，它蕴含着丰富的情感和意图。从简单的情绪表达到复杂的心理暗示，噘嘴唇都可以成为我们解读他人心意的线索。

首先，噘嘴唇常常用来表达不满的情绪。当人们感到不高兴或者对某事持有异议时，他们可能会不自觉地噘起嘴唇。这种表情通常意味着"我不高兴"或者"我对这个不满意"。然而，随着社会的发展和人际关系的复杂化，人们逐渐学会了隐藏自己的情绪，因此这种表情在成年人中相对少见。但有时候，一些职场经验丰富的人也会在表达对旁人的不满时，短暂地展现出噘嘴唇的表情，只是这种动作通常非常短暂，不易被察觉。

除了表达不满，噘嘴唇还可能反映出一种幼稚或单纯的心态。这种表情常被认为是孩子气的体现，因此它通常出现在小孩子或不谙世事的年轻人身上。这些人可能更容易将情绪直接表现在脸上，因为他们缺乏社会经验，不知道如何更好地控制自己的情绪。从这个角度来看，会做出噘嘴唇表情的人可能相对单纯，不太擅长掩饰自己的真实感受。

噘嘴唇还可以表示多种情绪，如伤心、失望或沮丧等。人们在经历挫折或面对不如意的事情时，可能会通过噘嘴唇来表达内心的痛苦和失落。同时，在某些逗趣或认真的场合，人们也可能出于好玩或认真的态度而噘起嘴唇。但总体来说，噘嘴唇更倾向于表达不满和生气之间的过渡反应，是一种较为强烈的情绪表达方式。

值得注意的是，噘嘴唇的表情还可能让人联想到幼稚或不成熟。因此，在特定的社交场合中，过度使用这种表情可能会给人留下不专业的印象。为了避免不必要的误解和冲突，我们应该谨慎使用噘嘴唇这一表情动作，尤其是在正式或重要的场合中。

6. 歪嘴唇

首先，歪嘴唇常常被视为表达愤怒和不满的一种方式。当个体感到愤怒或不满时，嘴唇可能会不自觉地歪向一侧，形成一种独特的表情。这种表情通常伴随着紧皱的眉头和瞪大的眼睛，进一步强调了愤怒和不满的情绪。对于反派角色而言，歪嘴可以更好地展现出他们的负面特质，如狡猾、阴险和傲慢，增强角色的辨识度和戏剧张力。

除了表达愤怒和不满，歪嘴唇有时也可能传递出挑衅的意味。当个体想要挑衅或激怒他人时，他们可能会故意歪起嘴唇，以此方式传达出挑衅或挑衅性的信息。这种表情通常伴随着轻蔑的眼神和挑衅的言语，旨在激怒对方或制造冲突。

歪嘴唇并非总是表达负面情绪。在某些情况下，当人们心情愉悦时，也可能会出现歪嘴唇的表达方式。这是因为心情愉悦时，脸部肌肉会自然地放松和收缩，导致嘴角向一侧偏斜。这种歪嘴表情通常伴随着微笑和放松的眼神，传达出一种轻松愉悦的情绪。

生气时也可能出现歪嘴的症状。当个体发脾气时，身体内的肾上腺素分泌增加，促使全身血管扩张，从而引起面部肌肉痉挛。这种痉挛可能导致嘴部发生扭曲，表现为歪嘴唇的症状。此时，歪嘴唇更多是生气情绪的一种外在表现，而非故意为之。

7. 抿嘴唇

抿嘴唇这一动作在日常生活中并不罕见，它可能由多种原因触发，并传达出不同的情感和意图。

抿嘴唇可能是压力或焦虑的释放方式。当个体面临压力或感到焦虑时，嘴唇可能会感到麻木或紧张，抿嘴唇能够帮助减轻这种不适感。通过轻轻地抿合嘴唇，人们可能在一定程度上舒缓紧张情绪，使自己感到稍微放松。

抿嘴唇有时也可能是一种享受嘴唇感受的方式。有些人可能喜欢嘴唇的触感，或是享受口腔内的气味，因此会不自觉地抿起嘴唇。这种行为可能有助于他们更好地集中精力或减轻焦虑，给他们带来一种愉悦的感觉。

此外，抿嘴唇还可以作为一种社交信号，传达出放松或友好的态度。在与人交往时，抿嘴唇可能被视为一种礼貌或亲切的表现，有助于拉近彼此的距离，营造和谐的氛围。

抿嘴唇还可能是一种表达情感的方式。根据不同的情境和背景，抿嘴唇可以传达出感激、惊讶、愤怒等多种情感。例如，当某人对你表示感谢时，他可能会轻轻地抿起嘴唇，以表达内心的感激之情；而在某些愤怒或不满的场合下，抿嘴唇也可能成为一种表达愤怒的方式。

然而，值得注意的是，有时抿嘴唇可能只是一种无意识的行为，并不一定代表特定的心态或意图。每个人都有自己独特的习惯和小动作，抿嘴唇可能只是其中之一。因此，在解读抿嘴唇这一动作时，我们需要结合具体情境和个体的行为表现进行综合判断，以避免误解或过度解读。

一个人的嘴唇动作就像一面镜子，反映出他的内心世界。心中所想，往往会在嘴唇形态中流露出来。与人交往中通过一个人的嘴唇动作形态，我们可以初步判断他的性格特征，从而了解他当时的所思所想。当然，我们也不能仅凭嘴唇的形态就完全断定一个人的性格。每个人的性格都是复杂多样的，受到多种因素的影响。因此，在识人过程中，我们应该结合多方面的信息和观察，以更全面地了解一个人的内心世界和性格特点。

第六节　外套

莎士比亚曾言："千万不要华丽而低俗，因为从衣服往往可以看出一个人。"衣服作为人的第二张脸，其风格、质地、洁净度乃至搭配，都透露出穿着者的性格、品味与生活习惯。外套作为日常穿着中最为显眼的部分，更是能够揭示一个人的内在世界。

衣着能初步展现一个人的品格与修养，衣着整洁整齐能看出其修养水准。若工作场合衣着过于随便马虎，显然没有重视社交规范也缺乏责任心，因为社交场合的精心打扮能体现出对他人的尊重。此外，衣着的颜色搭配也反映出一个人的审美修养和消费水平，品味高雅的穿着更能说明内在素质的不俗。

一般来说，品质高档整洁的衣着体现着其对待自己的重视程度，过于廉价邋遢的着装往往暴露出内心的轻视与自暴自弃。

此外，衣着选择上注重实用也反映其性格特质。因时尚新颖的衣服却往往难以久穿而选择穿着寿命长的衣物则暗示此人个性较为稳重踏实。一个人的衣着品质能初步揭示其内在对待外在形象与事物的态度，进一步看得出其处事作风和性格特征。

1. 衣着华丽

对于大多数人来说，穿着是人际关系中一种非常重要的表达方式。毕竟，人们时刻都在与身边的人进行交流和沟通。而华丽花哨的衣服，更像是一种对外界的宣示。它们代表了着装者对于自己的自信和骄傲。

因此，那些喜欢穿着华丽花哨衣服的人，他们往往有着比较强烈的社交欲望和表达欲望。他们不愿意隐瞒自己的存在，希望在人群中脱颖而出。这种状态下，需要用穿着来吸引他人的注意，以获得更多的关注和认可。

此外，还有一种可能性是这些人内心深处比较孤独或者生活状态不尽如人意，因此需要通过穿着来进行情绪宣泄。这些华丽的衣服，就像是装饰他们心灵的一道彩虹。

2. 衣着朴素

穿着朴素的人，往往展现出一种独特的魅力，他们的衣着风格简单大方，却透露出一种难以言喻的韵味。这类人通常性格坚韧，做事有计划，但也可能在某些时候对自己缺乏信心。他们对待生活的态度认真而务实，不追求表面的华丽与虚荣，更注重内心的修养与精神的富足。

穿着朴素的人还给人一种亲和的感觉。他们的衣着并不张扬，却透露出一种温馨与亲近。他们的举止与言谈之间，充满了真诚与友善，让人不自觉地想要与他们接近。他们不会因为自己的朴素而显得自卑或拘谨，反而能够以一种平和的心态与人交往，使得周围的人感受到一种亲切与温暖。

然而，值得注意的是，有些人在日常生活中喜欢穿着朴素，但在特殊场合却会选择盛装出席。一方面他们保持低调，不张扬；另一方面，在关键时刻他们又能够展现出自己的风采与魅力。这类人对金钱的欲望往往较强，他们很重视别人对自己的看法和评价。因此，在与这类人交往时，奉承与赞美可能是一个不错的策略，但同时也要保持真诚与谨慎，避免过于表面的恭维而失去了对方的信任。

3. 追求时尚

穿着时尚的人，通常展现出一系列独特的特点。他们在穿着打扮上追求流行与独特，这在一定程度上反映了他们的从众心理。这些人往往倾向于穿着当下流行的时装，以时尚和潮流作为选择的标准。他们在团体中往往扮演着顺应者的角色，不太愿意突出自己的个性，因此缺乏一定的主见和决断力。

这种追求时尚的行为背后，可能隐藏着他们内心深处的不安全感。他们可能害怕与众不同，害怕被孤立，因此选择跟随大众的步伐，通过融入主流时尚潮流来获得认同感。这种心理状态使得他们在面对选择时，更倾向于遵循外界的标准和潮流，而非依据自己的内心需求和喜好。

值得注意的是，追求时尚并不意味着缺乏个性和独立思考。有些人虽然热衷于流行时尚，但同时也能保持自己的独特风格和品味。他们能够在流行的基础上，加入自己的理解和创新，展现出别具一格的穿着风格。

与追求时尚的人相比，那些有自己喜欢的衣服类型，并不受外界干扰的人，则表现出更强的独立性和判断力。他们清楚自己的需求和喜好，能够根据自己的个性和气质选择适合自己的服装。这种人在生活和工作中通常更加自主和果断，能够坚定地表达自己的意见和想法。

4. 追求名牌

追求名牌的人，往往展现出一系列独特的特点。他们热衷于追逐名牌衣服，这样的行为透露出他们性格开朗、精力充沛的一面。他们喜欢追求物质上的享受和外在的华丽，往往通过穿戴名牌来展示自己的社会地位和经济实力。

这种追求名牌的行为也暴露出他们过于依赖外界认可，缺乏精神上的独立性。他们可能过度在意他人的眼光和评价，希望通过名牌来获得他人的赞赏和认同。这种依赖心理可能导致他们在面对困难和挑战时缺乏自主性和独立思考的能力。

追求名牌的人通常具备较高的教育水平、社会地位和一定的能力。他们不仅擅长赚钱，也舍得花钱打扮自己，以展现自己的魅力和品味。然而，这种追求往往源于内心的空虚和虚荣心，他们试图通过名牌来填补心灵的空虚，展示自己的优越感和地位。

在工作表现中，追求名牌的人通常具备很强的竞争意识。他们不满足于仅仅拥有光鲜的外表，而是追求更高的地位和更好的经济收益。因此，他们会努力工作，力争上游，不断提升自己的能力和地位。

然而，追求名牌的人并不是对所有名牌都感兴趣。他们往往有自己偏爱的品牌，有的专一，有的则喜欢多个品牌。对于某一个品牌热爱至极的人，他们的穿着打扮都会围绕这个品牌进行，展现出一种追求完美主义的特质。他们有自己的标准和品味，不会轻易改变，有时甚至显得吹毛求疵。这种对细节的过分关注有时可能让他人觉得他们挑剔、难以相处。

5. 奇装异服

选择奇装异服的人，通常有着独特而鲜明的个性特点。他们倾向于借助这种与众不同的服装来凸显自己的"优势"，以吸引他人的目光和关注。在他们看似自信的外表下，往往隐藏着深层的自卑感。他们可能觉得自己在普通人群中难以脱颖而出，因此选择通过奇装异服来彰显自己的独特性，从而赢得他人的认同和赞赏。

穿着另类服装的过程对他们而言，不仅是对自我个性的表达，更是一种对自卑心理的超越。这需要一定的勇气和胆量，因为他们敢于挑战传统审美观念，不畏他人的非议和异样眼光。这种勇气和决心也反映了他们内心的坚韧和执着。

然而，这种对奇装异服的追求有时也可能使他们表现出一些偏执、易怒和极端的特质。他们可能过于在意他人的看法和评价，对于任何质疑或批评都可能产生强烈的反应。他们渴望被关注、被重视，因此会竭尽全力去表达自己，甚至不惜以极端的方式吸引他人的目光。

需要注意的是，选择奇装异服并不一定代表一个人就具有上述所有特点。每个人都有自己独特的个性和选择，奇装异服只是其中的一种表达方式。我们应该尊重每个人的选择和个性，避免过于刻板地将某种服装风格与某种性格特点画等号。在理解和接纳他人的同时，我们也能够更好地认识和发展自己的个性特点。

6. 穿着休闲随意

穿着随意的人，其衣着风格往往透露出一种独特的个性特点。他们不拘小节，对于穿着并不特别在意，往往给人一种随和、自然的印象。然而，这种随意背后，也反映出一个人对于自身形象管理的疏忽。

一个对自己的穿着过于随意的人，常常缺乏在穿着上进行选择和搭配的能力。他们可能并不关注时尚潮流，也不在乎自己是否得体地出现在各种场合。这种随意的态度，往往会给人留下一种懒散、不负责任的印象。

穿着随意的人，往往并不特别在意他人对自己的看法。他们可能认为穿着只是外在的表现，不必过于纠结。然而，这种态度有时也反映出他们对于生活的态度可能同样随意，缺乏一定的规划和目标。

在正式场合或工作场所，穿着随意的人往往会给人一种对工作敷衍、不尊重工作的感觉。他们的穿着可能会让人质疑他们的职业素养和敬业精神，甚至影响他们在职场上的发展。相反，一个有职业素养的人，在穿着上也会体现出一种认真、负责的态度。他们会根据自己的身份和场合，选择合适的服装，展现出自己的专业素养和个人魅力。这样的人，往往会给人留下积极上进、认真负责的印象。

古语有云："有衣而不整者，非礼也。"这句话既指出了穿着不整的人会被认为是不懂礼仪的，也暗示了衣着整齐是对他人的尊重和对自己素质的要求。因此，我们应该注重自己的穿着打扮，根据不同的场合选择合适的服装，展现出自己的良好形象和素质。同时，我们也应该尊重他人的穿着选择，避免因为自己的偏见而对他人产生不必要的误解和歧视。

7. 整洁考究

穿着打扮以素净、雅致为原则的人，往往展现一种朴实大方的气质。他们的衣着不张扬，却透露出一种内敛的美，让人感受到他们内心的善良与纯净。这类人性格坦率，言行一致，不会掩饰自己的真实想法和情感。他们心胸宽广，能够包容他人的不同意见和缺点，展现出一种难得的宽容和忍耐力。

这类人不仅在外表上给人留下好印象，更在内在品质上值得交往。他们不会欺骗他人，总是以真诚的态度对待身边的每一个人。他们有着敏锐的洞察力，能够洞察事物的本质，对于复杂的问题也能迅速找到解决之道。他们的见解独到，往往能够提出新颖而实用的解决方案，让人佩服不已。

在人际交往中，这类人总是能够赢得他人的信任和尊重。他们不仅有着优秀的个人品质，还具备出色的沟通和协调能力，能够化解矛盾，促进和谐。他们的存在就像一股清流，给人带来舒适和愉悦的感觉。

此外，一个人对衣服的选择确实可以微妙地反映出其心理和个性特点。从深色西服到夹克装，再到牛仔装，乃至深色与浅色衣服的选择，每种选择都如同一种心理语言，无声地诉说着穿着者的内心世界。

选择深色西服的人，往往给人一种稳重、成熟的印象。他们注重形象，追求正式和专业的外在表现。这种选择可能意味着他们具有强烈的责任感和事业心，注重细节，追求完美。他们通常在职场上表现出色，能够应对各种复杂情况，展现出自己的专业素养。

夹克装的选择则透露出一种随性、自由的气质。这类人可能比较注重个性，不愿被束缚在刻板的规矩中。他们善于变通，喜欢挑战新事物，敢于冒险。夹克装的休闲风格也反映出他们追求舒适和自在的生活方式，不拘泥于传统观念。

牛仔装的选择往往与叛逆、不羁的个性联系在一起。这类人可能具有强烈的自我意识，不愿随波逐流。他们追求自由、独立，敢于表达自己的观点和态度。牛仔装的耐磨、耐穿特点也反映出他们坚韧不拔、勇往直前的精神风貌。

深色衣服的选择通常给人一种沉稳、内敛的感觉。这类人可能比较内向，不善于表达自己的情感。他们注重内在修养，追求精神上的满足。深色衣服也能让人显得更加庄重、神秘，吸引他人的目光。

而浅色衣服的选择则透露出一种清新、阳光的气质。这类人可能比较开朗、乐观，善于与人交往。他们追求简单、自然的生活方式，不喜欢过于复杂的人际关系。浅色衣服也能让人显得更加年轻、有活力，给人留下积极、向上的印象。

装扮自己，不仅仅是为了悦己，更是对他人的一种尊重。衣服的选择确实可以反映出人的心理和个性特点。从深色西服到浅色衣服，每种选择都有其独特的内涵和意义。我们可以通过观察他人的衣着风格，初步了解其个性和内心世界，从而更好地与人相处和沟通。

第七节　领带和衬衫

"你能透过领带和衬衫识人吗?"这不仅仅是一个问题,它更是一个揭示人性密码的钥匙。在繁忙的社交场合中,领带作为男性服饰的点睛之笔,往往能为我们揭示出一个人性格的奥秘。

那么,如何透过领带识人呢?这就需要我们具备一定的心理学知识。通过观察领带的颜色、质地、图案以及佩戴者的搭配方式,我们可以初步判断一个人的性格类型、情绪状态以及可能的职业背景。

首先从面料上来看,丝线材质的领带富有光亮而质地柔软,佩戴它的人此刻的心情应该是愉快明朗的。而毛料领带温和的手感与冬季的寒冷可谓绝配,但在夏天佩戴就显得不合时宜了。如果一个男人打的领带没有考虑到季节,有可能他更注重内在,也有可能他本来就很粗心。

说到这里,我们要讨论一下领带和季节的关系。春夏季节打冷色调领带,看起来清清爽爽,这样的男人往往是与时俱进的类型。相反的,秋冬季节打丝绸领带,则是一个人拘泥保守的表现。

至于有些一年四季系同一种领带的人,则多俭朴务实,不喜浮华,喜欢稳定平静的生活。皮质领带戴起来比较酷,爱戴这种领带的人比较讲究外在,喜欢耍酷,也可能喜欢追求有品质的生活,性格大多开朗有表现欲。

此外,领带的图案和搭配方式也能透露出一个人的性格特征。喜欢简约大方领带的人,往往性格内敛、低调;而喜欢花哨复杂领带的人,则可能性格张扬,喜欢追求刺激。

领带的款式也有讲究。喜欢宽领带的人,一般成熟稳重,遇事宠辱不惊,沉着冷静,善于思考。而喜欢窄领带的人,则更为阳光开朗,活泼俏皮死板的工作和生活方式都会让他们倍感痛苦,这样的人喜欢创新,爱享受生活；箭头型领带虽然百搭但很传统，反映这个人骨子里比较保守，不喜欢标新立异；平头型领带则更具有时尚气息，意味着此人生活中充满时尚和浪漫情调，是个十足的乐天派。

通过观察领带系法同样可以看出一个人的性格特质。

1. 又小又紧的领带结

如果一个男人很矮小很瘦，并且领带结又小又紧，那就表明他想让自己在他人眼中显得高大一些。如果这个人并不是很瘦小，体形方面也没有困扰，这可能是暗示别人不要惹他。打这种领带结的人对自己的权威充满自信，他们对哪怕一丁点的轻视和怠慢都会表现得异常敏感。对金钱充满渴望，凡事只为自己着想。这类人的人际关系一般，很少有人愿与之交往，他们也拒绝他人的加入，喜欢孤军奋战。

2. 不大不小的领带结

这种领带结往往能让一个男人看起来容光焕发，精神抖擞。这种领带结既不会有过紧的压迫感，也不会有过松的邋遢感，能让自己和他人都感到放松和舒适。在交往过程中，打这种领带结的人十分注重自己的行为和仪表。总是表现得彬彬有礼，让人感觉十分舒服。他们一般表现得很稳重，不会随便在他人心中留下负面影响。他们是真正认识到领带作用的人，他们习惯给人以好感，在工作和生活中都会表现得脚踏实地、勤勉努力。

3. 又大又松的领带结

打这种领带结的人属于浪漫主义者。这类人不喜欢被拘束，追求自由，待人热情主动，交往技巧掌握得游刃有余。他们常常备受女人关注，能得到她们的欢心。

4. 不会打领带

一个连领带都不会打、常常需要别人代劳的人，为人不拘小节。他们也许是领导，因为工作繁忙而几乎没时间学习如何打领带，或者他们对打领带这种"小事"不屑为之。一般而言，这类人性格和蔼，富有爱心和同情心。他们交际广泛，朋友众多。

领带，常常与另一个单品搭配，那就是衬衫。一个人的着装，尤其是衬衫，同样可以透露出其深层次的性格特点。

衬衫，作为男士衣橱中的基本款，其选择往往反映了穿着者的性格和品味。那些偏爱中规中矩款式的人，往往性格稳重，做事踏实，不喜欢冒险。他们追求的是稳定与和谐，对人对事都保持着一种平和的态度。

而喜欢带有小浪漫元素的衬衫的人，则可能内心充满了对生活的热爱和向往。他们心思细腻，善于捕捉生活中的美好瞬间，同时也能够察觉出他人的真实情感。这样的人往往比较善解人意，懂得如何与人相处，让周围的人感到舒适和愉悦。

当然，不同的衬衫颜色和图案也会传递出不同的信息。比如，喜欢白色衬衫的人往往性格单纯、善良，而喜欢深色衬衫的人则可能性格内敛、深沉，那些选择带有条纹或格子图案衬衫的人，可能更注重细节和品味，有着独特的审美观念。

同样，衬衫的搭配方式也能反映出一个人的性格特征。有些人喜欢将衬衫与领带、西装搭配得整整齐齐，显得非常正式和专业；而有些人则更喜欢将衬衫与牛仔裤、休闲鞋搭配，展现出一种随性洒脱的气质。

因此，在与他人交往时，我们可以细心观察他们的衬衫和领带，从领带、衬衫的选择和搭配上了解他们的性格。

1. 喜欢穿白衬衫的人

他们如同素白的画布，清廉洁白，是现实主义者。他们或许羞于主动追求，判断力犹如初生的婴儿，缺乏足够的经验。他们在色彩的世界里独树一帜，装扮优雅，无论何种服装，只要配上白衬衫，便能相得益彰。白色，这纯洁无瑕的颜色，恰如其分地映衬出他们的性格。他们容易以自我为中心，对于热爱的工作，他们会坚定不移地追求和实践，努力实现目标。然而，在生意场上，他们可能成为风起云涌的激进分子，容易与他人产生冲突。因此，在人际交往中，遇到这类人需保持警觉。

2. 喜欢朴素衬衫的人

他们坚韧如钢，行事有计划，与人为善。政府官员和银行职员等大多选择朴素的服装，这背后隐藏着他们的豪华特征。这类人朴实无华的外表下，有着自己的职业规划和目标。然而，也有一些人因为生活所迫而穿朴素服装。他们对金钱的欲望强烈，对批评非常敏感，很难接受别人的意见。对他们来说，适当的奉承可能是最好的策略。

3. 身穿粗直条衬衫的人

他们或许是自由职业者，用这套西装掩饰内心的动荡不安。他们的内心世界如同这套西装一样，粗犷而直接。他们常常感到不安，但又害怕被人发现，所以选择用这种方式来掩饰。与他们交往时，要避免触及他们的痛处，以免引发他们的攻击。

那么，当我们把领带和衬衫结合起来，从色彩学和心理学的角度看，不同颜色所表现出来的性格特征也是不一样的。

黄衬衫搭配绿色领带。绿色代表生命，充满勃勃生机，是大自然最具生机的颜色；黄色是黄金的颜色，它象征财富与权力。这种搭配的男人不但朝气蓬勃充满活力，而且对事业和生活都充满了信心和勇气。他们想到就能做到，十分干脆利落。讨厌拖拖拉拉，主张"今日事今日毕"。由于精力旺盛和性格急躁，他们有时候会表现得鲁莽和冲动。

绿衬衫搭配黄领带。黄色是收获，意在辛勤耕耘，说明这类人常常会在理想中规划自己的人生和未来；绿色又表现了勇于实践的信心，因此，常常能看出他们具有诗人的气质以及艺术家一样的风采。他们不会杞人忧天，相信只要有付出就会有回报。

白衬衫搭配深蓝色领带。这种搭配取长补短、相互融合，能够产生相得益彰的效果，表现出老成稳重的气度，又兼少年潇洒的风度。这种搭配的人对薪水非常专注，并且有强烈的事业心和进取心，但在奋斗过程中常常表现得急功近利。

白衬衫搭配黑领带。黑白分明是对阅历丰富之人的形容，所以喜欢这种打扮的人多为稳健老成之士。由于看的多，感悟也多，他们懂得什么是人生的追求，善于明辨是非，相信"善有善报，恶有恶报"，正义在他们身上得到了最大的展现。

白衬衫搭配红领带。红色是火的颜色，代表了如烈火般奔放的热情，在人生的意义上则表现为一种积极主动的态度。选择红色领带，心中希望自己成为万众瞩目的大人物，但白色的低调又让人回归到一种安定的心态。这种搭配的人有奔放的热情和纯洁的心灵，因此，他们的内心是平和而稳定的。

灰衬衫搭配黑领带。这种搭配常常会让人产生非常不舒服的感觉。这类人有忧郁的特点，他们的忧郁来自自身狭隘的胸怀。他们总是想掩饰自己的缺点，然而他们的领带搭配却暴露了他们的内心。他们因为情绪问题和性格特点常常影响其他人，所以他们常常"被跳槽"。

浅蓝色衬衫搭配彩色领带。五彩缤纷的事物充满了诱惑，普通人和勤奋的人往往会对此敬而远之。所以选择这种领带和衬衫的人拥有一股市井气息，热衷于名利，见异思迁的他们对爱情往往不能用情专一，追逐的目标总是换了一个又一个。

通过深入剖析领带与衬衫的选择，我们不难发现，服饰不仅是外在的装饰，更是内心世界的映照。喜欢中规中矩衬衫的人，性格稳重、做事踏实；而偏爱带有浪漫元素的衬衫的人，则心思细腻、善解人意。同样，领带与衬衫的颜色、质地和图案也都在默默诉说着佩戴者的性格特点和情绪状态。

第八节　帽子

帽子作为头部装饰的一种，除了有防晒保暖的作用，还可以体现一个人的个性、品味和气质。从个性的角度来看，不同类型的帽子所代表的意义是不同的，因此，我们可以通过所戴帽子的类型来了解一个人的性格特点。

自古以来，帽子就被当作是一种权力和地位的象征。在古代中国，平民百姓一般用头巾作为帽子，文官为乌纱帽，武将的帽子则为铜制头盔。随着时代的演变，帽子的功能和含义虽然都发生了变化，特别是少了等级上的差别，但帽子在当今仍是显示一个人身份的工具，例如军帽、警帽、护士帽、厨师帽等。日常生活中，人们戴帽子本身就说明一个人重视自己的外在形象，选择什么样的帽子则与性格有关系。

大家都熟知美国前总统约翰·肯尼迪，他以其独特的魅力和风采赢得了全球的关注。肯尼迪，这位充满传奇色彩的总统，无论是在政治舞台上，还是在日常生活中，都以其非凡的魅力和风度赢得了人们的敬仰。而在这当中，他常戴的那顶海军帽无疑是他标志性的象征。

1. 礼帽

选择礼帽的人很有绅士风度。他们行为得体、举止稳重，显得彬彬有礼，向人展现出一种成熟的感觉。如果一个人喜欢戴高档的时尚礼帽，这通常说明他或她是个有个性的人，并渴望成为众人关注的焦点。

正如心理学家艾伯特·班迪拉所言："时尚是一种语言，戴上帽子就像诉说着一个人的故事。"

在社会学研究中，戴高档时尚礼帽的个体通常被视为具有个性和自信的人。他们倾向于追求时尚潮流，愿意承担被关注的角色，这也符合社交心理学中"自我表现"的概念。他们追求时尚的尖端,性格比较开朗,通常喜欢吸烟、喝酒以及参加派对等活动。他们非常自信,很擅长通过形象展现自己的个性。

2. 鸭舌帽

对于戴鸭舌帽的年轻人来说,他们通常给人一种充满活力、有内涵的印象。这种帽子可能代表着他们追求个性、不愿随波逐流的态度。他们可能注重自我表达,希望通过服饰来展现自己的独特品味和风格。同时,他们也可能具备一定的深度和内涵,注重思考和探索生活的意义。

而对于戴鸭舌帽的老人来说,他们通常被描述为豁达乐观的人。这种帽子可能象征着他们对生活的积极态度和从容心态。他们经历过风风雨雨,对生活有了更深刻的理解和领悟,因此能够以更加豁达的心态面对生活的起伏和变化。他们可能不追求虚荣和浮华,而是注重实际和实用,懂得如何享受生活,同时也清楚自己的责任和担当。

无论是年轻人还是老人,戴鸭舌帽的人可能具备一些共同的品质。他们可能都具备乐观向上的生活态度,能够积极面对生活中的挑战和困难。他们也可能都是务实主义者,注重实际行动和结果,而不是空谈和幻想。此外,他们可能还具备大局观念,能够从整体和长远的角度来思考问题,不局限于眼前的得失。

3. 羊毛帽或针织帽

如果一个人喜欢戴羊毛帽或者针织帽,通常意味着他或她偏向于温和、温暖的个性。这种帽子通常给人一种温暖、舒适的感觉,因此喜欢戴这类帽子的人可能也具备类似的个性。他们往往偏向于温和、内敛的性格,喜欢保持一种低调而舒适的生活方式。这类人通常不会过分追求张扬和炫耀,而是更注重内心的平和与满足。他们可能更倾向于传统和经典的价值观,对新事物持有一种审慎的态度,不会轻易被潮流所左右。

同时,喜欢戴羊毛帽或针织帽的人也可能对创造性活动有着浓厚的兴趣。他们可能喜欢手工艺术、针织等需要耐心和细心的活动,这些活动不仅能够满足他们的创造欲望，也能够带来一种成就感和满足感。这类人通常也具备一定的计划性和缜密性。他们可能习惯于事先做好充分的准备和规划，以确保事情的顺利进行。这种性格特点使他们在面对复杂问题时能够保持冷静和理智，不容易被突发事件所打乱。

4. 帆布帽或军帽

这种帽子往往带有一种粗犷、坚韧的气息，与喜欢佩戴它们的人的性格特点相呼应。

这类人通常非常独立，他们习惯于依靠自己的力量解决问题，不轻易依赖他人。他们勇敢、坚毅，面对困难和挑战时能够保持冷静和坚定，不轻易退缩。他们的自信不是凭空而来的，而是基于自己的实力和经验积累。

此外，他们通常独具个性，有着自己的独特见解和思考方式。他们不喜欢随波逐流，而是愿意走出自己的路，追求自己的梦想和目标。这种独立的个性也使他们成为朋友们的指路灯，当朋友们面临困难或需要帮助时，他们总是能够给予及时的指导和支持。

5. 旅游帽

选择旅游帽的人，确实可能出于多种原因佩戴这种帽子。一方面，他们可能确实是为了装扮自己，通过帽子的款式和颜色来投射出某种特定的气质或形象，以符合自己期望的社交角色或场合氛围。另一方面，他们也可能在某些特殊情况下，利用帽子来掩饰自己认为不理想或有缺陷的地方，这是一种自我保护的机制。

这类人通常具有较强的自我意识和想法，他们善于在事业中投机钻营，寻找机会并巧妙地利用资源。由于他们善于表面功夫，有时确实能收到不错的效果，至少在短期内能够赢得他人的好感或信任。

然而"日久见人心"，他们的真实面目终究会被看穿。因为他们常常遮遮掩掩，不肯以真面目示人，导致真正了解他们的人并不多。他们往往过于依赖外在的装饰和表演，而忽视了内心的真实和深度。

此外，由于他们可能过于聪明和自负，往往恃才傲物，自以为是。他们在与人交往中可能既唱红脸又唱白脸，试图掌控局面并显得无所不能。然而，这种行为往往会让别人看出他们的不可深交之处，因此他们真正的朋友可能并不多。

虽然他们有时能意识到自己的缺点，但由于本性所致，他们可能很难改变自己的行为方式。他们需要意识到，真正的魅力源自内心的真实和善良，而非外表的装扮和表演。如果能够坦诚面对自己，接受自己的不完美，并努力提升内在品质，他们或许能够赢得更多真正的朋友和尊重。

6. 圆顶毡帽

圆顶毡帽作为一种传统的帽饰，确实给人一种朴实无华的感觉，佩戴它的人往往也展现出一种老百姓特有的派头。他们大多外柔内刚，表面上看似随和，对人唯唯诺诺，但内心深处却有自己的坚持和原则。他们实际上思想活跃，对于周围的事物有着敏锐的洞察力，但往往不善于或不愿意直接表达自己的看法，而是选择附和别人的观点，给人一种缺乏主见的感觉。

然而，这种人的内心世界远比外表看起来要丰富和深刻。他们忠实肯干，相信通过辛勤的付出终会获得回报。他们对待工作充满热情和精力，无论大小事务都会全力以赴。在报酬方面，他们只拿属于自己的那一份，从不贪图不义之财，这种正直和诚实的品质使他们赢得了他人的尊重和信任。

在交友方面，他们秉持着"道不同，不相为谋"的原则。他们不轻易与人结交，而是选择与自己志同道合的人深入交往。他们认为真正的友谊应该建立在共同的理念和价值观之上，因此他们的朋友圈子虽然可能不大，但关系却十分稳固和深厚。

7. 彩色帽

这种人清楚在不同的场合，不同颜色的服装，应该戴不同色彩的帽子，说明他是个天生会搭配衣着的人。他喜欢色彩鲜艳的东西，对时下流行的东西非常敏感。他希望别人说他的生活过得多姿多彩，懂得享受人生，并且总是以弄潮儿的身份走在时代前列。

他们思维敏捷，很会变通，随机应变能力很强，而且对流行趋势很是敏锐。这类人虽然表面看上去很是坚强，但是实质上很害怕寂寞和孤独，会时常出入娱乐场所寻找交流沟通的对象。

这类人害怕寂寞，因为他精力旺盛，朝气蓬勃，那颗不甘寂寞的心，总是使他躁动不安。他经常邀请伙伴们一起玩耍并高呼"人生得意须尽欢"。然而，曲终人散的时刻他们会品尝到更多的寂寞和痛苦。对于工作，他们的随意性比较大。当热情起来时，就像有使不完的劲儿；一旦感到无聊时，空虚感马上袭满他的心头。

8. 异形帽

喜欢异形帽的人，一般都是时尚人士。他们选择帽子的装饰性要大于实用性。这类人内心充满变化和创意，个性率直，待人非常热情，常常充满活力。他们非常前卫，容易接受新鲜事物，喜欢冒险。他们对人没有什么城府，容易与人交心。

除此之外，戴帽子的方式也能从侧面反映一个人的性格。

1. 正戴

这种人原则性很强，他们不苟言笑、成熟稳重、神秘莫测，让人捉摸不透，而且心机较重，但是比较容易成功；另一种人则是循规蹈矩、老实诚恳，但不会变通。

2. 歪戴

喜欢歪戴帽子的人容易给人一种轻浮、放荡的感觉。他们比较随性，不喜欢循规蹈矩的生活。这些人通常不会在意别人对自己的看法，从来不缺幽默感，也不会跟你玩心机，因此容易相处。

3. 帽檐压低

有些人戴帽子时喜欢把帽檐拉得很低，有的甚至遮住眼睛。这类人一般都不太自信，借拉低帽檐来躲避别人的目光。他们的个性不是深沉忧郁，就是暴躁火辣，较难与人相处。

4. 帽檐拉高

将帽檐往上或往后退把额头露出来。这种人的性格比较轻佻、高傲，容易自满和放纵，做事吊儿郎当，缺乏恒心，难有大成就。

在社交场合中，通过观察他人的帽子，我们可以初步判断其性格类型和情绪状态，这是基于微表情心理学的科学分析。当然，我们也不能仅凭帽子就对一个人做出全面的评价，毕竟人的性格是复杂多变的，需要更多的信息来进行综合判断。

第九节 鞋子

鞋子，并不仅仅是保护我们双脚的简单工具。实际上，它们远比我们所想象的更为复杂和多元。在观察他人的鞋子时，我们不仅可以洞察其审美品味，更能窥探其内在性格。

那些在不同场合选择适宜鞋子的人，通常作风严谨，能够随机应变。他们做事讲原则，既有条理又灵活多变，因此在工作和生活中取得成功的可能性往往较大。这类人往往适合担任领导或企业的管理者角色。

鞋子的样式和整洁程度同样能为我们提供丰富的线索。一双精致而整洁的鞋子，往往暗示着其主人性格中的强势与严谨；而休闲随意的鞋子则可能反映出主人随性洒脱的一面。

每个人的鞋子都是其内心世界的外在展示。穿精致名牌的人往往对事物有着极高的原则性，他们追求完美，注重细节；而钟爱休闲风格的人则可能更加随和，不拘小节，向往自由自在的生活方式。有一些鞋子实用性较强，它们的主人大多是性格随和的人，可是穿短靴的人就大大不同了，他们大多性格强势，处事也很有原则。一个人若是鞋子整洁干净，那么他不光尊重自己，同时也尊重别人。这类人通常有着包容的心态，他们无论是和朋友交往还是和恋人相处，都十分仗义并且富有同理心，只要对方需要他们，他们便会伸出援手，总的来看，他们可以称为可依靠的人。

正是因为表现细微，才代表了一个人做事注重细节，而细节决定了成败。鞋子很干净的人就是一个特别注重细节的人，做事情一丝不苟，很少犯错误，怎么能不成功。

1. 喜欢穿运动鞋的人

从心理学的角度来看，喜欢穿结实耐用的运动鞋的人，往往透露出他们生性好动、充满活力的特质。这类人通常拥有一种朝气蓬勃的精神状态，他们渴望在生活中展现自己的活力与热情。正如俄国作家陀思妥耶夫斯基所言："美将拯救世界。"对于喜欢穿运动鞋的人来说，他们的美就在于那份不断追求、不断前进的动力。运动鞋给予他们舒适与便利，让他们能够随时随地展现自己的活力，无论是在运动场上挥洒汗水，还是在日常生活中奔波忙碌，他们都能够保持那份朝气和热情。

喜欢穿运动鞋的人往往代表着一种年轻、时尚的文化趋势。他们追求自由、舒适的生活方式，不愿意被束缚于传统的着装规范。运动鞋作为一种时尚元素，不仅符合他们的审美需求，更能够彰显他们的个性与态度。同时，运动鞋的普及也反映了现代社会对于健康、运动的重视，人们越来越注重身体健康与精神状态的平衡。

2. 喜欢穿靴子的人

通常情况下，喜欢穿靴子的人具备一定的自信心，但并非特别强烈。他们选择靴子作为自己的日常穿着，往往是因为靴子能够为他们增添一份力量和自信。靴子作为一种较为厚重的鞋履，能够给予穿着者一种稳定和安全的感觉，让他们在面对生活中的挑战时能够更加从容自信。同时，靴子也能够提升他们的外在形象，让他们看起来更加挺拔、有型。

在社会学的层面上，喜欢穿靴子的人可能代表着一种独特的审美观念和个性表达。他们不愿意随波逐流，而是选择了一种与众不同的穿着方式。靴子作为一种具有独特风格的鞋履，能够彰显出他们的个性与品味。同时，靴子也在一定程度上反映了他们对于生活的态度和价值观。他们可能更加注重自我表达和个性展示，不愿意被传统的社会规范所束缚。

3. 喜欢穿时髦鞋子的人

通常这种人喜欢追着潮流走。穿时髦鞋子的人，有一种观念，就是只要是流行的就全部是好的，但没有考虑到自身的条件是否与流行相符合，有点不切合实际。这种人做事时常缺少周全的考虑，所以会顾此失彼。他们对新鲜事物的接受能力比较强，表现欲望和虚荣心也强。

4. 喜欢穿拖鞋的人

喜欢穿拖鞋的人无疑是轻松随意型人的最佳代表。他们内心深处追求的是自由与舒适，不愿被外界的规则和束缚所限制。这类人往往更加关注自己的内心感受，他们只追求自己的感觉和体验，并不会为了迎合他人而轻易改变自己的生活方式。正如法国作家罗曼·罗兰所言："每个人都有他的隐藏的精华，和任何别人的精华不同，它使人具有自己的气味。"喜欢穿拖鞋的人，正是这种独特气味的最好诠释。

他们很会享受生活，懂得如何在忙碌的生活中找到属于自己的那份宁静与舒适。他们不会苛刻自己，也不会对他人有过多的要求，他们相信生活的美好就在于这种随遇而安的态度。拖鞋给予他们的是一种放松与自在，让他们能够在日常生活中展现出最真实的自己。

喜欢穿拖鞋的人也反映了一种追求个性与自由的社会文化趋势。随着社会的不断发展，人们越来越注重自我表达与个性展示，拖鞋作为一种休闲、随性的鞋履，正好符合了这种文化需求。它不仅仅是一种鞋履，更是一种生活态度和价值观的体现。

5. 喜欢穿露脚趾的鞋的人

通常情况下，喜欢穿露脚趾的鞋的人，属于外向性格的人，而且思想比较前卫，不仅喜欢炫耀自己的脚趾，还有大腿、膝盖、小腿以及脚踝部位，并有让全世界都知道自己是个自由主义者的强烈愿望，任何约束对他们来说都是一种虐待。他们喜欢结交朋友，只要对方不摆出一副拒人于千里之外的架势，他们会非常愿意伸出友谊之手；做事能拿得起放得下，很洒脱。

6. 喜欢穿系鞋带的鞋子的人

从心理学的角度来看，喜欢穿系鞋带的鞋子的人往往展现出一种复杂而矛盾的性格特点。他们内心深处既渴望有人能够为他们安排生活，给予他们指引和支持；同时又对这种安排好的一切怀有反抗和不满的情绪。这种矛盾心理使得他们在面对生活中的选择时常常感到困惑和不安。

他们希望在尊重他人为自己所做的安排的同时，又能够保留一定的自由空间，以发展并释放自己。这种对自由和控制的追求与挣扎，正是他们性格中最为突出的特点。

鞋带作为一种经典的鞋履设计，既具有传统的美感，又能够满足现代人对于个性化与功能性的需求。这种双重认同使得喜欢穿系鞋带鞋子的他们在社会中既能保持自己的独特个性，又能与主流文化保持一定的联系与融合。

7. 喜欢穿不带鞋带的鞋的人

喜欢穿不带鞋带的鞋的人往往展现出一种随性的生活态度和不受拘束的思维方式。这类人在穿着打扮上追求的是简单与便捷，他们不愿意被烦琐的细节所束缚，更倾向于追求自由自在的生活方式。正如法国哲学家蒙田所言："简单的生活是美德。"这种简单的生活哲学在喜欢穿不带鞋带的鞋的人身上得到了充分的体现。

在性格方面，他们同样表现出一种随性的特质。他们不会过于纠结于问题的细节，也不会过分追求完美的解决方案。相反，他们更倾向于以一种灵活和变通的方式来看待问题，善于在复杂的情况中找到简单有效的解决办法。他们在面对生活中的挑战时能够保持一种轻松和乐观的态度。

然而，喜欢穿不带鞋带的鞋的人有时也会表现出一种缺乏毅力和持久性的倾向。他们可能在追求目标的过程中容易半途而废，缺乏足够的耐心和坚持。这可能与他们随性的性格有关，他们往往更注重当下的感受和体验，而不太愿意为了长远的目标而付出持久的努力。

8. 随便穿鞋的人

有些人为了生活，奔波忙碌，在穿衣打扮方面不太讲究，由于生活落魄，经常干一些脏活累活，他没有一双像样的鞋子，也不考虑鞋与衣服是不是匹配，随便找双鞋就穿上了，哪怕是鞋子样子已经过时或已经破损，也不保养，也不在意，鞋子脏了也懒得清洁，反正有鞋穿不光脚就行。

这种人属于粗枝大叶，不拘小节的性格，通常是好高骛远，有时不自量力。生活方面没什么规划，能力比较低，没什么本事，又总盼着"天上掉馅饼"的好事发生。生活中比较算计，不大方，消费方面更倾向于物超所值的商品。有的女孩儿被他们不羁的表象迷惑，常常陷入他们的感情漩涡。

9. 喜欢穿皮鞋的人

喜欢穿皮鞋的男人，性格开朗，智慧过人，思维敏捷，喜欢思考，一般都是职业精英，能力出众，不管是在工作还是在生活中都非常尽职尽责，勤奋努力。对周围的人或事儿要求比较严谨。通常说，这种类型的男人比较真诚、坦率。这样的男生很受女生的关注，你可以大方地和他在一起，你可以关心他，他成熟稳重，又是成功人士，给你妥妥的安全感，一般女生很难抵抗这类男士的魅力。

喜欢穿皮鞋的人，特别是男性，往往展现出一种性格开朗、智慧过人的特质。他们思维敏捷，善于观察与思考，这种特质使他们在工作和生活中都能迅速捕捉到关键信息，做出明智的决策。这类人通常是职业精英，能力出众，他们凭借自己的才华和努力，在各自的领域里取得了不俗的成就。

他们对待工作非常尽职尽责、勤奋努力，始终保持高度的专注和敬业精神。同时，他们对周围的人或事也要求比较严谨，这种严谨的态度不仅体现在工作上，也渗透到他们生活的方方面面。他们追求的是一种高品质、高标准的生活方式，无论是衣着打扮还是言行举止，都透露出一种成熟稳重的气质。

喜欢穿皮鞋的人往往代表着一种成功、精英的社会形象。他们通过自己的努力和才华，赢得了社会的认可和尊重。在社交场合中，他们通常是众人瞩目的焦点，他们的言行举止、穿着打扮都成为他人效仿的榜样。

鞋子，这看似微不足道的穿搭细节，实则蕴含着深厚的心理与社会学内涵。它不仅是保护我们双脚的实用工具，更是展现个人风格与气质的重要载体。一双精心挑选、花费时间与精力打理的鞋子，无声地传递着主人的生活态度与对未来的美好期待。

一个男人若愿意在鞋子上投入心思，那无疑表明他对生活的热爱与对细节的追求。这样的男人，他们懂得欣赏生活中的美好，也愿意为自己的形象与品味付出努力。他们的鞋子或许不是最昂贵的，但一定是最符合自己气质与风格的。每一双鞋子都是他们精心挑选、搭配的成果，展现着他们独特的审美与品味。

行走在人间，我们无须过分追求花枝招展的外表，但保持一份干净清爽的形象却是至关重要的。一双整洁的鞋子，不仅能够让我们自己感到舒适自信，更能够让与我们有过一面之缘的人感受到我们的尊重与用心。这样的形象，无疑会为我们赢得更多的好感与信任，让我们的人际关系更加和谐融洽。

因此，让我们从现在开始，重视鞋子的选择与搭配，让它们成为我们展现个人风格与气质的得力助手，让每一次的出行，都成为一次展示自己美好形象的机会，让更多的人感受到我们的用心与魅力。这不仅是一种生活的态度，更是一种对自我的尊重与提升。

10. 喜欢穿休闲运动鞋的人

喜欢穿休闲运动鞋的男人，很注重鞋子的样子和款式，会考虑鞋子和衣服是否搭配，因为这类男人对自己的要求很高，生活有品位，喜欢什么事儿都由他们自己掌控。

还有些男人比较喜欢跑步、登山、打球等一些户外运动。根据不同的用途搭配合适的运动装。

如果你身边的男人是这样的男人，那么恭喜你，你的朋友内心很阳光，有什么事不计较，总会一笑了之。

他们待人温文尔雅、谦逊有礼，比较有绅士风度，言谈举止风趣幽默，和女人约会时，即使是不太喜欢你，他也不会表现出对你冷落疏远的举动，但你很难分辨他是不是喜欢你。他们热爱运动，表明他们热爱生活，热爱大自然。

第十节 发型

发型，这个看似微不足道的细节，实则蕴含着无尽的个性密码。每一缕发丝，每一个造型，都是一个人性格特质与审美追求的无声诠释。在这个看似平凡却又充满个性的领域里，我们可以探寻到一个人内心深处的秘密。

1. 左分发型的人

左分发型的人，往往透露出一种独特的个性魅力。这类人通常左脑比较发达，更倾向于理性思维，逻辑性也较强。在理科方面，他们往往能够展现出过人的天赋和实力，因此更适合从事理工类的工作，如物理、化学、生物等领域的研究，或是发明创造类的工作。

在工作和生活中，左分发型的人通常展现出严谨、细致的性格。他们注重细节，追求完美，无论是对待工作还是生活都非常认真。他们善于思考，富有逻辑，能够在复杂的问题中迅速找到最佳的解决方案。这种性格特质使他们在工作中往往能够取得出色的成绩，得到他人的认可和赞赏。

在感情方面，左分发型的人通常比较理智。他们对待感情比较冷静，不会轻易被冲动和激情所左右。在选择婚恋对象时，他们往往比较谨慎，会经过深思熟虑后再做出决定。即使在婚恋中出现问题，他们也能够保持理智，冷静地分析问题，寻找最佳的解决方案。因此，他们的婚恋感情通常是比较稳定的。

总的来说，左分发型的人以理性、严谨、细致的性格特质为主，他们在工作和生活中都能够表现出色，而在感情方面则显得比较理智和稳定。这种独特的个性魅力，使他们在人群中脱颖而出，成为众人瞩目的焦点。

2. 右分发型的人

右分发型的人，他们展现出的性格特质与左分发型的人截然不同。他们显得更为开放、乐观，总是散发着一种阳光般的气息。这类人性格开朗，善于交际，无论身处何地，都能迅速与周围的人建立起友好的关系。他们擅长用笑容和热情去感染身边的人，让周围的人感受到他们的温暖与真诚。

右分发型的人富有创造力，他们喜欢尝试新事物，对未知世界充满好奇。这种好奇心驱使他们不断探索、不断学习，从而在生活中发现更多的乐趣和惊喜。无论是文学、音乐、美术还是写作表演等领域，他们都能展现出自己的才华和创意。

从思维角度来看，右分发型的人右脑比较发达，更倾向于感情思维。这使得他们在文科方面更具优势，能够更好地理解和表达复杂的情感和思想。因此，他们更适合从事文职类的工作，如文学创作、音乐演奏、美术设计或表演艺术等。

然而，右分发型的人在感情方面却显得比较冲动和敏感。他们对待感情非常热情，恋爱时表现得尤为热烈。但由于缺乏足够的理性思考，他们在选择婚恋对象时往往比较草率，容易受到感性因素的影响。在婚恋中出现矛盾时，他们往往不能理智地处置问题，导致感情波折较多。

总的来说，右分发型的人以开放、乐观、富有创造力的性格特质为主。他们在社交和文艺方面表现出色，但在感情方面需要学会更加理性地处理问题。只有这样，他们才能更好地把握自己的情感生活，享受到更多的幸福与快乐。

3. 中分发型的人

中分发型的人，他们往往拥有一种独特的审美观和个性。在发型的选择上，他们不随波逐流，而是敢于展现自己的独特风格。这种发型既不过于张扬，也不过于保守，恰到好处地展现了他们的个性和品味。

这类人善于思考，具有敏锐的洞察力。他们不仅能够发现生活中的美好，更能洞察到其中的不足，从而不断地追求进步和完善。他们的思维敏锐，对事物有着独到的见解，因此在工作和生活中总能展现出自己的独特魅力。

中分发型给人一种稳重、成熟的印象。这种发型适合那些注重细节和秩序的人。中分发型的男士，他们的头发通常梳理得一丝不苟，给人一种沉稳、可靠的感觉。他们喜欢有条理地处理事务，注重细节，追求高效与完美。这种性格特点使他们在工作中能够发挥出色，赢得他人的信任和尊重。

在感情方面，中分发型的人通常表现得比较中和。他们的恋爱比较平稳，不会过于冲动或激情四溢，也不会过于冷淡或漠不关心。他们比较注重物质方面的稳定，有时可能会忽略感受，但总体而言，他们的婚姻感情和人际关系都比较悠然自得。他们懂得如何在平淡中寻找幸福，如何在日常生活中营造温馨的氛围。

总的来说，中分发型的人具有独特的审美观和个性，善于思考且稳重成熟。他们在工作和生活中都能展现出自己的魅力，而在感情方面则表现得比较中和、平稳。这种独特的性格特质，使他们在人群中脱颖而出，成为值得信赖和依靠的伙伴。

4. 平头发型的人

平头发型的人，总是给人一种干练、利落的第一印象。他们的头发被修剪得简洁明快，没有任何多余的修饰，仿佛与他们的性格一样，直率而坦诚。这种发型不仅凸显了他们的硬气和刚毅，也展现了他们不拘小节的豁达性格。

在性格方面，平头发型的人通常性格直率，做事果断。他们不喜欢拖泥带水，也不会在决策时犹豫不决。一旦有了目标，他们就会迅速采取行动，用实际行动来证明自己的价值。他们注重实际，不善于花言巧语，但他们的真诚和坦率却赢得了周围人的尊重和信任。

平头发型的人往往比较朴实稳重。他们对待生活和工作都持有认真的态度，不追求浮华和虚荣。他们更注重内在的品质和修养，而非外在的装饰和打扮。这种朴实的性格特质，使他们在与人交往中显得真诚可信，也更容易赢得他人的好感。

然而，平头发型的人有时可能因为过于保守和传统而显得有些固执。他们可能对新事物持有一定的抵触心理，不太愿意尝试新的想法和方法。这种保守的态度有时可能会限制他们的视野和思维，使他们错失一些发展的机会。

总的来说，平头发型的人以干练、利落、直率的性格特质为主，他们注重实际、朴实稳重、真诚可信。虽然有时可能显得过于保守和固执，但他们的坚韧和毅力却使他们能够在生活和工作中取得不俗的成绩。对于平头发型的人来说，学会更加开放和包容，尝试新事物，将有助于他们更好地适应这个不断变化的世界。

5. 光头的人

光头的人，往往给人一种自信、坚强的第一印象。他们的头部毫无遮挡，直接展现出坚韧不拔的个性和勇往直前的决心。这类人通常不拘小节，敢于挑战传统观念，不畏惧他人的眼光和评价，勇敢地展现出自己的独特魅力。

光头的人善于应对压力，不怕困难。他们深知生活不会一帆风顺，但总是能够在逆境中保持冷静和坚定。无论面对多大的挑战，他们都能够坚持到底，不轻易放弃。这种坚韧不拔的精神，使他们在工作和生活中都能取得出色的成绩。

剪光头的人往往具有勇敢和大胆的性格。他们敢于挑战传统，不愿被束缚在固定的框架中。剪光头对他们来说，不仅仅是一种发型选择，更是一种态度的表达。它象征着他们敢于冒险、敢于尝试新事物的精神，以及对自由和无拘无束生活的追求。

同时，光头的人也可能出于实用考虑而选择这种发型。他们认为光头造型简洁方便，减少了梳理和护理的麻烦。这种实用主义的态度，也体现了他们注重效率和实用的性格特点。

总的来说，光头的人以自信、坚强、勇敢和实用为主要特点。他们不拘小节，敢于挑战传统，善于应对压力，追求自由和效率。虽然光头可能会让他们在某些场合显得与众不同，但正是这种独特性，使他们在生活中更加引人注目，成为众人关注的焦点。

6. 短发的人

短发的人，往往给人一种干练、利落的印象。他们的发型简洁明快，没有过多的修饰和烦琐，正如他们的性格一样，直截了当，不拖泥带水。这种性格特点使他们在工作和生活中都能迅速应对各种情况，展现出强大的执行力。

短发的人做事果断，具有很强的决策能力。他们能够在短时间内迅速分析问题，做出明智的决策，并付诸实践。他们不会因为犹豫和拖延而错过机会，而是能够迅速抓住机遇，取得成功。同时，短发的人也非常注重效率。他们善于把握时间，合理安排工作和生活，使每一分钟都发挥出最大的价值。他们不喜欢浪费时间和精力在无谓的事情上，而是会专注于那些真正重要和有意义的事情。

除了干练利落，短发的人通常性格开朗，处事干净利落。他们喜欢简单明了的生活方式，不喜欢复杂和烦琐的事物。他们对待朋友和家人都非常真诚，不会拐弯抹角，也不会说谎话。这种坦率和真诚，使他们在人际交往中赢得了他人的信任和尊重。

短发的人有时也可能过于挑剔和追求完美。他们对自己的要求很高，对周围的事物也有着严格的标准。这种追求完美的心态，有时可能会让他们过于苛刻和挑剔，给周围的人带来一定的压力。

总的来说，短发的人以干练、利落、果断和高效为主要特点。他们性格开朗，处事干净利落，注重效率，善于把握时间。虽然有时可能过于挑剔和追求完美，但正是这种追求卓越的精神，使他们在工作和生活中都能取得出色的成绩。

7. 长发的人

长发的人往往散发出一种浪漫而温柔的气质。他们的头发如瀑布般流淌，似乎承载着无尽的柔情与诗意。他们注重情感的表达，善于用言语和行动来传递自己的内心世界，让人感受到那份深情厚谊。

这类人通常对美有着敏锐的感知力，他们喜欢追求美的事物，无论是艺术、音乐还是文学，都能引起他们浓厚的兴趣。他们的生活中充满了色彩与创意，他们善于发现和欣赏身边的美好，也能够用自己的方式创造出更多令人陶醉的艺术品。

长发的人往往能够给周围的人带来温暖和舒适。他们的言行举止中透露出一种亲和力，让人感到轻松自在。他们善于倾听他人的心声，给予关怀和支持，是朋友们倾诉心事的理想对象。

如果是男生拥有长发，那么他们通常性格开朗，处事干净利落。他们不拘小节，行事灵活多变，既能够遵循传统，也能够勇于创新。他们有着强烈的自我意识，喜欢以自我为中心，但同时也能够尊重他人的意见和选择。然而，长发的人有时也可能过于挑剔和追求完美。他们对自己和他人的要求都很高，对事物的标准也相当严格。这种追求完美的心态，有时可能会让他们过于苛刻和挑剔，给周围的人带来一定的压力。

总的来说，长发的人以浪漫、温柔、注重情感表达和追求美为主要特点。无论是长发的女生还是男生，他们都有着独特的魅力，能够给周围的人带来温暖和舒适。虽然有时可能过于挑剔和追求完美，但正是这种追求卓越的精神，使他们在生活中能够创造出更多的美好与奇迹。

8. 怪异发型的人

怪异发型的人，总是能在人群中独树一帜，引人注目。他们的发型独特而前卫，充满了创意和个性。他们不拘一格，敢于挑战传统审美观念，不断尝试新的发型设计和风格，展现出自己与众不同的态度和风采。

这类人往往具有强烈的创新思维和独立精神。他们不愿被固有的规则和框架所束缚，喜欢打破常规，追求自由和个性。在生活和工作中，他们能够创造出新的价值和意义，为周围的人带来惊喜和启示。

有些人故意将自己的发型弄得怪异，这种行为背后往往隐藏着他们强烈的表现欲望。他们渴望吸引更多的目光，展示自己的独特性和个性魅力。他们通常不会过多考虑他人的心情和感受，而是更加关注自己的内心需求和表达。

这些怪异发型的人通常具有独特的见解和认识，他们不会轻易随波逐流，而是会坚持自己的立场和观点。他们敢于同权势对抗，不屈不挠地追求自己的信仰和理想。虽然他们的行为有时显得让人难以接受，但正是这种敢于挑战和突破的精神，赢得了不少人的尊敬和敬佩。

总的来说，怪异发型的人以个性、叛逆、创新思维和独特风格为主要特点。他们不拘一格，敢于挑战传统，追求自由和个性。虽然他们的行为有时显得与众不同，但正是这种独特性，使他们在人群中脱颖而出，成为一道独特的风景线。

第十一节 化妆

爱美之心，人皆有之，对于女性而言，美丽更是她们不懈追求的目标。为了让自己变得更加迷人，女性们总会精心打扮自己，而化妆无疑是她们展现美丽的重要手段。然而，化妆并非简单的涂抹，它背后蕴藏着女性的性格、心理和情感。

每个女性的妆容都有其独特的风格和特点，这些特点往往与她们的性格和心理状态紧密相连。例如，有些女性喜欢淡妆，她们追求自然、清新的美感，性格上可能偏向内敛、低调，不喜欢张扬。而另一些女性则偏爱浓妆，她们希望通过妆容来突出自己的特点，展现自己的个性，这类女性通常性格较为外向、自信。

此外，妆容的颜色和风格也能反映女性的心理状态。比如，当女性选择明亮的色彩和活泼的妆容时，往往意味着她们心情愉悦、充满活力；而当她们选择暗淡的色彩和沉静的妆容时，则可能暗示着她们心情低落、缺乏自信。

通过观察女性的妆容，我们可以更好地了解她们的心理和性格状态。当然，这并不意味着我们可以通过妆容完全解读一个女性的内心世界，因为每个人都有自己独特的表达方式和情感寄托。但是，妆容作为女性展现自己的一种方式，确实为我们提供了一个了解她们的窗口。

1. 喜欢化淡妆的人

化淡妆的女性一般比较文静，自我表现欲不强，不希望别人注意到自己。她们对自己的要求不高，只要过得去就行。她们大多数很聪明，比较有智慧，在事业上有一定的成就。这种类型的人很有主见，知道自己想要什么，不会轻易地说出自己的想法。她们不喜欢别人触及她们自己的隐私问题，并希望别人能够尊重和谅解。

2. 喜欢化浓妆的人

与化淡妆的人相反，她们有很强的自我表现欲望，希望能够吸引别人瞩目，尤其是吸引异性的目光。这种类型的人一般具有外向型性格，热情大方、乐观开朗、个性直率。她们的思想比较开放、前卫、有点偏激，常做一些让人口呆目瞪的行为。她们的自我意识很强，常我行我素，不在乎别人的看法。

3. 喜欢流行妆的人

这种类型的人，大多数性格比较外向，城府不深，但比较虚荣，自我表现欲很强。她们没有自己的主见，基本上跟着潮流走，总是站在时尚的前沿，能够很快地接受新鲜事物。因此，无论是生活还是事业上，总是没有什么规划，也没有自己明确的目标，比较盲目，而且对金钱欲望很强，不知道节俭。

4. 喜欢自然妆的人

习惯化自然妆的人，一般比较传统和保守，性格内向，思想比较单纯，待人真诚，富有同情心和正义感。她们不善于与人交谈，但是对朋友比较忠诚，因此人缘比较好。但是她们不够坚强，因此面对困难和挫折的时候常表现得很软弱。

5. 花很长时间去化妆的人

能花很长的时间去化妆的人，一般都是完美主义者，对什么事都追求尽善尽美。她们大多数都很有耐心和毅力，能花很长的时间和精力在一件事情上。但是她们不够自信，总希望通过化妆能够增强自己的自信心。

6. 喜欢长期化同一种妆的人

这种类型的女性，大多数比较传统保守，有很强的怀旧情绪，常陷入过去的美好回忆中，但也能快速从中走出来。她们讲究实际，会极力把握好现在所拥有的一切。她们很善良，热情大方，善解人意，因此人缘非常好，拥有很多朋友。

7. 喜欢异国妆的人

所谓的异国妆是指外国流行的妆。一般喜欢这种妆的人个性很强，想象力比较丰富，很有艺术细胞，希望自己能成为一名艺术家。她们追求自由自在的生活，不喜欢受到别人的约束。她们常常有许多令人诧异的独特想法，是一个完美主义者。

8. 做什么事都化妆的人

她们无论做什么事情，就连出门散步也会化一下妆。这种类型的人多对自己没有信心，企图通过化妆来掩饰自己的不足。她们善于掩饰自己，很少把自己的想法透露出去。

9. 化妆时对某一部位比较专注

这种类型的人一般知道自己的优点和不足，通过扬长避短，让自己变得更完美。她们大多数比较理性，很现实，为人处世很成功，不是那种生活在幻想中的人。她们很有自信和进取心，一旦确定了目标，就会马上执行，并相信通过自己的努力一定会成功的。而当遇到困难的时候，她们也会勇往直前，不会轻易退缩。

对于女人来说，化妆是分等级的，见什么样的人化什么样的妆，甚至做什么样的事情涂什么颜色的口红都会有讲究。

尤其是在谈恋爱时，妆容不仅代表着她的心情，还能在关键时候代替她讲话。对于女性而言，化妆确实是一种表达自我、展示心情和应对不同场合的重要方式。不同的妆容能够传递出不同的信息，尤其是在恋爱关系中，女性的妆容往往隐藏着她们内心的想法和期望。

当女性以第四个化妆等级来见你时，这可能意味着她已经对你产生了深厚的感情，并且考虑到了更长远的关系，甚至可能是婚姻的打算。这种妆容通常更加精致、自然，既凸显了她的美丽，又展现了她对你的尊重和期待。

作为男性，如果你察觉到了这一变化，并且也对她有着同样的感情，那么你应该积极回应她的暗示，与她共同探索未来的可能性。不要傻傻地不知道，错过了这个重要的信号。

第一等级其实就是所谓的淡妆。皮肤好的，只用化妆水、乳液，涂淡淡的口红，看起来有气色一点。皮肤稍差的，除了会用化妆水、乳液和口红之外，还会用气垫、散粉。

总结来说，第一等级的妆容看上去十分日常，既不显得妆感太强，又能让自己干净清爽。

通常，如果在一个女人恋爱的情况下，她会在跟男友相处时间长了，彼此之间没有那么多不好意思，能够肆无忌惮在对方面前"排气"时，选择这样的妆容。

因为这样的妆容并不能很好地遮掩女人面部的"缺点"，如果不是十分相熟，或者恋爱时间稍长，女人是不会选择这样见自己的约会对象的。

当然，如果你的女友常常以这样的妆容选择与你见面时，就意味着她跟你没有什么距离感，愿意把相对比较真实的自己展现在你的面前。

第二等级是在第一等级的基础上稍微多几个步骤，比如眼线、腮红、眼影等。这类步骤更细节一点，不仔细看你或许都不会注意，尤其是对男人来说。但仔细看，绝对暗藏心机。

这类等级的妆容，女人一般在见相对来说比较重要的人，或办重要的事情时会去选择。在爱情里，当女人跟一个男人刚谈恋爱不久时，常常会使用这个等级的妆容。

原因也很简单，这样既能整体让自己看起来更漂亮、更精致，又不至于太过浮夸，让男方产生厌烦的感觉。

如果你的女友以这样的妆容见你时，要么，你就是她比较重视的人，要么，就是还没有跟你交心，不放心把更素颜的自己让你看到。

这个时候，想要得到她的心，你就要加油了。

第三等级则在第二等级上再多几个步骤，更精致，更用心。比如会贴假睫毛，会搭配首饰、耳饰、发型等，是一个最为全面的妆容。

当一个女人这样化好全妆后，在爱情里，则意味着她想要使出浑身的魅力，希望能够得到别人的注意，吸引别人的目光，成为人群里的焦点，或者说希望成为某个人眼中的焦点。

而当你的那个她化着这样的妆去见你时，则往往意味着她渴望在短时间内征服你。同时，也意味着你跟她的距离还有很远，想要修成正果，还需要一定时间。

第四等级的妆容在我看来，其实就是"素颜"。实际上，很少有女人愿意以素颜示人，尤其是对于那些下楼扔垃圾都要涂口红、画眉毛的女人来说，更是接受不了素颜。

不要怀疑，即便是对自己容貌再自信的人，也会在跟别人开视频时，给自己加一点很难分辨出来的滤镜。

所以，在爱情里，当女人愿意卸下妆容，放下伪装过的自己，展现出自己最真实的一面给你时，往往就意味着她的真心实意，意味着她想试探你，在见过她的素颜后，是否能够接受她，更意味着她有了想嫁给你的一颗心，否则她不会如此大胆，素颜去面对你。

作家贾平凹先生曾在他的作品《自在独行》这本散文中说过："当一切都在打扮，全没有了真面目示人的时候，最美丽的打扮就是不打扮。"

当一个女人在你面前不打扮，不化妆，展现最真实的自己，以真面目面对你时，那一刻的心思，就是最美丽的、最纯粹的、最感人的。

贾平凹先生的这句话，道出了现代社会中人们追求真实与纯粹的一种渴望。在充斥着各种化妆技巧和打扮手段的时代，一个女性选择在你面前以素颜示人，这无疑是一种信任与真诚的体现。

这种素颜不仅仅是一种外在的展示，更是她内心深处对你的信任与接纳。她愿意在你面前展现最真实、最不加修饰的自己，说明她对你的感情是纯粹而真挚的。她希望你能看到她的真实面貌，而不是外在的修饰和伪装。

对于男性来说，当面对一个愿意以素颜示人的女性时，应该感到幸运和珍惜。这样的女性是值得尊重和爱护的，因为她用她的真诚和信任来对待你。你应该以同样的真诚和信任来回应她，不要辜负她的一番心意。

同时，也要理解并尊重女性的选择。每个人都有自己的打扮方式和风格，无论是化妆还是素颜，都是她们个人的选择和自由。我们不应该对女性的打扮方式加以评判或指责，而是应该尊重她们的选择，欣赏她们的美。

在恋爱关系中，真诚和信任是维系双方感情的重要基石。当一个女性愿意以素颜示人时，她所展现出的真诚和信任是无比珍贵的。作为男性，我们应该用心去感受这份真诚和信任，并努力去维护和呵护这段感情。

总之，当一个女人在你面前不打扮、不化妆时，她所传递的信息是深刻的：她信任你，她愿意在你面前展现最真实的自己。这样的信任与真诚是难得的，男人们应该珍惜并回应这份心意，共同创造一段美好的感情历程。

第十二节　眼镜

眼镜这一现代人的日常配饰，早已超越了其原始的视力矫正功能，成为时尚穿搭中不可或缺的一部分。当我们审视一个人的整体形象时，眼睛及其所佩戴的眼镜往往是首先吸引我们注意力的焦点。

首先，眼镜的款式选择，恰恰也揭示了佩戴者的个性特征。

1. 彩色镜片款眼镜

这类眼镜以其独特的色彩吸引了众多时尚先锋的青睐。选择这类眼镜的人往往具有鲜明的个性，他们敢于尝试新事物，追求与众不同。他们善于表达自己的情感，乐于在人群中展现自己的独特魅力。

2. 偏光镜款眼镜

这类眼镜以其出色的防眩光功能而受到户外爱好者的喜爱。选择偏光镜的人通常注重实用性和功能性，他们喜欢户外活动，追求健康的生活方式。他们性格中透露出一种务实和稳健，对待生活和工作都持有认真负责的态度。

3. 素面镜款眼镜

这类眼镜给人一种简约而不失优雅的感觉。选择这类眼镜的人往往追求低调而内敛的美，他们注重细节，善于品味生活的点滴。他们性格中透露出一种平和与从容，即使面对生活中的风风雨雨也能保持冷静和淡定。

4. 特殊镜款眼镜

如复古、夸张或未来感十足的款式，则代表了佩戴者独特的审美和个性。选择这类眼镜的人通常具有创造力和艺术气质，他们不拘一格，勇于突破传统的束缚。他们追求的是独特性和个性表达，愿意为了自己的审美追求而与众不同。

5. 透明镜框款眼镜

这类眼镜以其轻盈透明的材质和简约的设计赢得了众多年轻人的喜爱。选择透明镜框的人往往具有一种清新脱俗的气质，他们追求简单而纯粹的生活方式。他们性格中透露出一种纯真和善良，对待朋友和家人都充满了温暖和关爱。

眼镜的款式选择确实能够透露出佩戴者的个性特征。无论是追求独特魅力的彩色镜片款，还是注重实用性的偏光镜款，抑或是简约优雅的素面镜款、特殊镜款，以及清新脱俗的透明镜框款，每一种选择都代表了佩戴者独特的审美和个性。因此，在观察一个人的整体穿搭时，不妨多留意一下他们所佩戴的眼镜款式，或许你会发现更多有趣的小秘密哦！

其次，从推眼镜的小动作上也能看出一个人的个性。

1. 手指从鼻梁处向上推眼镜

他们往往性格内敛，心思细腻。在人际交往中，他们像是一杯需要慢慢品味的茶，需要时间去理解和接近。想要与他们建立深厚的友谊，你需要主动迈出第一步，用真诚和耐心去温暖他们的心。这类人在群体中可能表现得有些极端，要么是人人喜爱的知心好友，要么是因过于内向而显得有些孤单。而那些偶尔做出这个动作的人，往往是在面临重大事件时，用这种方式来掩饰内心的紧张与不安。

2. 习惯用手扶眼镜框

这个动作往往展现出一种自信与全面。他们看待问题总是能够站在一个更高的角度，对事物的掌握也更为全面。这种自信不仅体现在他们的工作上，更贯穿于他们的日常生活。当面临重大任务时，他们会展现出对工作的高度自信；在与他人讨论问题时，他们也常常能够用自己的观点说服对方。

3. 用手扶眼镜腿

他们大多拥有强烈的个人想法和独特的行动步骤。在行动之前，他们总是能够静下心来，先观察和分析事情的来龙去脉，然后制定出详尽的行动计划。这类人往往能够严格按照自己的计划行事，直到达到目标为止。然而，也有极少部分人，他们虽然同样习惯这个动作，但却缺乏足够的耐心，容易在遇到困难时显得急躁和不安。

4. 用两根手指分别抵住镜片下端推眼镜

这类人通常展现出一种谦虚好学的态度。他们不喜欢反驳别人，而是更倾向于倾听和学习。然而，这种性格也有其不足之处，那就是他们往往容易被别人的想法所影响，而难以提出自己的独到见解。

"眼睛是心灵的窗户，而眼镜则是窗户上的装饰。"通过观察和解读这些与眼镜相关的微小动作，我们不仅可以更深入地了解一个人的性格特征，还可以更好地与他们相处和交流。

第十三节　首饰

我们都会说一个女人的气质里，藏着她走过的路，但今天还要告诉你，女人的气质里还藏着她喜欢和佩戴过的珠宝。饰品，它不仅仅是用来点缀装扮的物件，它的选择、佩戴方式和风格，都深深地反映了一个人的内心世界和性格特点。

在缤纷多彩的珠宝世界里，每一颗宝石都独一无二，正如每个人的性格千差万别。不同的人对于首饰的选择，往往反映出他们内心的偏好和情感倾向。

美国著名心理学家伊莉尼医生认为，通过一个人佩戴的首饰不仅能看出他的爱好和眼光，还可以反映出他的性格。这并非妄言，因为人们在选择饰品时，往往会受到自己内在性格的影响。

喜欢佩戴简约、精致饰品的人，往往性格内敛、低调，他们追求的是品质而非炫耀。这类人通常思维缜密，注重细节，有着自己的独特品味和审美。而那些喜欢佩戴华丽、夸张饰品的人，则可能性格外向、热情，他们善于表达自我，追求个性和与众不同。这类人通常自信满满，喜欢成为众人瞩目的焦点。此外，还有一些人喜欢佩戴具有特殊意义或故事的饰品，这些饰品可能代表着他们的某种情感寄托或回忆。这类人通常情感丰富，怀旧且重情义。因此，当你想要更深入地了解一个人时，不妨从他们佩戴的首饰入手。那些看似微不足道的饰品，或许正藏着他们最真实、最深沉的性格秘密。

1. 金首饰

黄金，这种闪耀着璀璨光芒的金属，自古以来便深受人们的喜爱。在首饰的世界里，黄金首饰更是占据着举足轻重的地位。它们不仅代表着财富和地位，更能映照出佩戴者的情感与个性。

身上戴满了金戒指、金耳环、金手镯、金项链的人，往往散发着一种自信而外向的气质。他们喜欢在人群中展现自己的魅力，享受被关注和赞美的感觉。黄金的璀璨光芒与他们的个性相得益彰，使得他们成为众人瞩目的焦点。

然而，并非所有喜欢黄金首饰的人都喜欢佩戴得满身金光。有些人可能只选择佩戴少许金首饰，如一对耳环、一条项链或一块金表。这类人通常具有欣赏好东西的品味，但性格并不那么外向。他们懂得约束自己，不会随意表露情感，给人一种沉稳而内敛的感觉。

黄金首饰的多样性也反映了佩戴者不同的个性倾向。有些人偏爱简约而精致的设计，这体现了他们追求品味与品质的生活态度；而有些人则喜欢华丽而繁复的款式，这展现了他们热情奔放、不拘小节的性格特点。

2. 银首饰

银饰，以其简约而纯净的魅力，深受许多人的喜爱。它不像黄金那样璀璨夺目，却有着自己独特的光泽和韵味。喜欢佩戴银首饰的人，往往是一个有秩序、注重规则的人。

这类人做事喜欢按照事先制定好的计划行事，他们注重细节，追求生活的稳定和平衡。每天的例行工作，他们会按照既定的步骤有条不紊地完成，不喜欢突如其来的变化和惊喜。这种对秩序的坚持和追求，使得他们在生活和工作中都表现出一种严谨和认真的态度。

银饰的简约风格，也体现了这类人的审美品味。他们不喜欢过于华丽和烦琐的装饰，更倾向于选择简单而精致的设计。这种简约而不简单的风格，正是他们内心秩序和规则的体现。

此外，银饰的纯净和光泽，也象征着这类人内心的纯净和高洁。他们注重自我修养和内在品质的提升，追求一种精神上的净化和升华。

银饰作为一种简约而纯净的首饰，不仅具有装饰作用，更能映照出佩戴者的性格和内心世界。喜欢佩戴银首饰的人，通常是一个有秩序、注重规则、追求稳定和平衡的人。他们的严谨和认真，使得他们在生活和工作中都能展现出一种独特的魅力。

3. 珍珠首饰

珍珠，被誉为宝石中的"皇后"，以其独特的温润光泽和典雅气质，深受女性的喜爱。不同于钻石的璀璨和彩宝的华美，珍珠以一种清丽脱俗的姿态，在珠宝世界中独树一帜。

喜欢佩戴珍珠首饰的人，往往拥有温和纯粹、优雅含蓄的特质。她们的性格如同珍珠一般，温润而细腻，散发着柔和的光芒。在她们身上，你看不到张扬和炫耀，只有低调而内敛的优雅。

珍珠首饰的简约与清新，与这类女性的审美品味相得益彰。她们不喜欢过于烦琐和复杂的装饰，更倾向于选择简约而精致的设计。这种清新简约的风格，不仅体现了她们的内在修养和品质，更彰显出她们对生活的精致追求和品味。

此外，喜欢珍珠的人通常也具备水一样的智慧。她们善于观察和理解周围的世界，能够用柔和的方式处理人际关系，化解矛盾。她们的内心充满善良和包容，对待生命充满敬畏和善待。

因此，珍珠首饰不仅是展现女性优雅气质的绝佳选择，更是映照出她们温和、知性、低调而智慧的性格特点。如果你也是一位喜欢珍珠的女性，那么不妨让珍珠的温润光泽，成为你展现独特个性的最佳方式。

4. 玉石首饰

玉石，自古便是中华文明的瑰宝，其温润的质地与深邃的内涵深受人们喜爱。喜欢佩戴玉石首饰的女性，往往展现出一种温润如玉的气质，她们的魅力不在于外在的夺目耀眼，而在于内在的低调奢华与优雅。

这类女性通常性格沉稳、内敛，不喜欢张扬，却自有一种难以言喻的吸引力。她们深知，真正的美丽并非来自表面的浮华，而是源于内心的平和与修养。玉石的温润与内敛，与她们的性格相得益彰，共同塑造出一种独特的韵味。

佩戴玉石首饰的女性，往往对传统文化有着深厚的情感与认同。她们欣赏玉石所蕴含的深厚文化底蕴，也注重自身的内在修养与品质。在她们看来，佩戴玉石不仅是一种装饰，更是一种文化的传承与表达。

此外，玉石的温润光泽也象征着这类女性的柔和与善良。她们在生活中往往能够保持一颗平和的心态，对待他人宽容大度，善解人意。她们的存在，就像一块温润的玉石，给人带来温暖与安慰。

总之，喜欢佩戴玉石首饰的女性，以其温润如玉的气质和深厚的内涵修养，成为人群中一道独特的风景线。她们用玉石之美，展现了自己的个性与品味，也传递了一种传统文化的精神与魅力。

5. 彩宝首饰

在五彩斑斓的首饰世界中，彩色宝石与钻石无疑是最能展现女性多彩性格与浪漫情怀的饰品。喜欢佩戴这些宝石的女性，往往拥有丰富多样的性格和无尽的魅力。

喜欢佩戴彩色宝石的女性，如碧玺、红蓝宝石、水晶等，总是充满了浪漫情怀。她们的性格如同这些宝石一样，丰富多彩，充满变化。她们的生活充满了乐趣和惊喜，就像彩宝首饰那绚丽多彩的颜色一样，总是能给人带来无限的可能性和魅力。这些女性善于表达自己的情感，善于创造浪漫的氛围，她们的存在总是能让周围的人感受到生活的美好与多彩。

而喜欢佩戴钻石的女性，则往往崇尚浪漫，对爱情有着极高的期待和追求。钻石的坚硬与璀璨，象征着坚贞不渝的爱情，这也正是这类女性所追求的爱情观。她们对待感情认真而执着，愿意为爱情付出一切努力。在她们心中，爱情是纯洁而美好的，是值得用一生去守护和珍惜的。

无论是彩色宝石还是钻石，它们都是女性展现自我、表达情感的重要工具。通过佩戴这些首饰，女性们可以更加自信地展现自己的个性和魅力，也可以更加深入地探索自己的内心世界。因此，在选择首饰时，不妨多留意一下自己的内心需求和情感倾向，让首饰成为展现你独特个性的最佳方式。

6. 家传首饰

在首饰的世界里，家传首饰拥有一种特殊的情感价值。它们可能是一枚旧式戒指、一对古老的手镯，或是一件代代相传的胸饰。这些首饰虽然不如现代饰品那般耀眼夺目，却承载着深厚的家族情感和历史记忆。

喜欢佩戴家传首饰的人，往往对家庭有着深厚的热爱和忠诚。他们珍视家族的传统和价值观，愿意将这些宝贵的记忆通过首饰传承下去。在他们看来，家传首饰不仅是一种装饰品，更是一种情感的寄托和家族文化的传承。

这类人通常对家人和朋友也非常忠诚。他们重视亲情和友情，愿意为家人和朋友付出一切。在他们身上，你看不到浮躁和虚荣，只有对家庭和友情的深深眷恋。

家传首饰的存在，也提醒着佩戴者要珍惜身边的亲人和朋友，要铭记家族的历史和传统。它们见证了家族的兴衰荣辱，也见证了佩戴者的成长和变化。因此，这些首饰在佩戴者的心中有着无法替代的地位。

喜欢佩戴家传首饰的人，用首饰承载了家族的情感与记忆，也展现了自己对家庭和友情的忠诚之心。他们用自己的方式，传承着家族的文化和传统，也传递着一种深深的情感与温度。

首饰，作为人们日常生活中的点缀之物，自古以来便承载着装饰与象征的双重意义。它们或精致细腻，或华丽璀璨，不仅仅是外在的装饰，更能够反映出佩戴者的性格和情感。

每一款首饰都有其独特的设计理念和风格，正如每个人都有其独特的性格和情感。喜欢简约而精致的首饰的人，往往性格内敛、注重细节；喜欢华丽而繁复的首饰的人，则可能性格热情奔放、不拘小节；而那些选择家传首饰的人，则是对家庭和忠诚有着深深眷恋的。

通过观察和了解不同首饰与性格之间的联系，我们可以更好地理解他人，也更好地认识自己。当我们看到一个人佩戴着简约而优雅的首饰时，我们可以感受到她内心的平和与自信；当我们看到一个人佩戴着华丽的首饰时，我们可以感受到她内心的热情与活力。

首饰不仅是一种外在的装饰，更是一种内在的表达。它们可以映照出我们的性格、情感和价值观。因此，在选择首饰时，我们不应该仅仅看重其外在的美观和价值，更应该注重其是否能够与我们的内在相契合，是否能够真正展现出我们的个性和魅力。

第十四节　手表

在繁忙的职场中，手表早已不再是单纯的时间记录工具，而是演变成了展现个人品味与性格的重要配饰。每一款手表背后，都蕴含着佩戴者的独特故事与情感。通过仔细观察手表的款式与佩戴方式，我们可以窥见职场人士的性格特质，为交流与合作提供有益的参考。

1. 那些选择经典款手表的人

这类人往往性格稳重、踏实可靠。他们注重细节，追求完美，对待工作认真负责。这类人在职场中通常能够赢得他人的信任与尊重，是值得信赖的合作伙伴。而佩戴时尚运动型手表的人，则可能性格活泼、开朗乐观。他们追求自由与个性，善于接受新鲜事物，敢于挑战传统观念。这类人在职场中往往能够带来新的思维与创意，为团队注入活力。另外，有些人喜欢佩戴复杂功能的手表，如具备多种计时、导航等功能的款式。这类人通常好奇心强，求知欲旺盛，善于探索未知领域。他们在职场中往往能够展现出卓越的解决问题的能力，是团队中的创新者。然而，也有一些人并不喜欢佩戴手表，或者选择简约至极的款式。这类人可能更注重内在的品质与精神追求，而非外在的装饰与炫耀。他们往往性格独立，有着独特的思考方式，不拘泥于常规。

2. 喜欢电子表的人

这种类型的人，比较独立、务实。喜欢佩戴电子表的人，往往展现出一种独立而务实的性格。他们欣赏电子表所代表的高效与便捷，追求实际、实用的价值观。这种类型的人，比较注重效率和结果，不喜欢被琐碎的事物所牵绊。他们善于利用现代科技来辅助自己的工作和生活，展现出一种高效能的生活方式。

同时，喜欢电子表的人通常也比较自由奔放，不喜欢被束缚。他们向往自由自在的生活，不愿意被传统观念或规则所限制。在工作中，他们善于发挥自己的创造力，勇于尝试新的方法和思路，不畏惧挑战和变革。

然而，这种类型的人也可能因为过于独立而显得有些孤独。他们善于掩饰自己的情感，不轻易向他人敞开心扉，因此总让人捉摸不透。虽然他们表面看起来坚强独立，但内心可能也有着不为人知的脆弱和渴望。

在与人交往的过程中，喜欢电子表的人需要学会适当地敞开心扉，与他人分享自己的感受和想法。这样才能更好地建立信任和深厚的友谊，让自己在职场和生活中更加顺畅和成功。

3. 喜欢戴上发条表的人

这类人通常具有一种强烈的自主意识。他们喜欢亲自动手为腕表上发条，享受这个过程带来的成就感。对他们而言，通过一定的努力去收获自己想要的东西，是一种乐趣，也是一种生活态度的体现。这种类型的人，往往对那些轻易获得的成功不屑一顾，他们更看重的是努力和坚持的过程。

同时，这种类型的人也比较独立坚强，但为人处世却显得有些冷漠。他们喜欢独处，享受属于自己的空间，不喜欢与人打交道。这种性格特点可能源于他们对个人空间和自由的追求，以及对他人干涉的不喜。然而，这种独立和冷漠并不意味着他们缺乏情感或人情味。相反，他们可能只是更善于隐藏自己的情感，不轻易向他人展示。他们的内心深处可能同样充满了热情和渴望，只是需要时间和适当的情境才能被触发和释放。

在职场中，喜欢戴上发条表的人可能更适合那些需要独立思考和独立完成任务的岗位。他们的坚韧和毅力能够帮助他们在困难面前不屈不挠，坚持到底。同时，他们也需要学会在适当的时候敞开心扉，与他人建立信任和合作关系，以更好地发挥自己的潜力。

4. 喜欢怀表的人

在繁忙的现代生活中，怀表似乎已成为一种时代的记忆，然而，仍有那么一群人，对怀表情有独钟。他们中的大多数为男性，不仅善于把握自己，而且适应能力极强，能够在多变的环境中迅速调整自己的心态。这些特点使他们在职场和生活中都展现出一种独特的魅力。

怀表对他们来说，不仅是一个计时的工具，更是一种情感的寄托。他们大多比较怀旧，喜欢收集一些以往的东西，那些旧时光的痕迹总能勾起他们无尽的回忆。在他们的言谈举止中，总能感受到一种优雅的气息，这既是他们文化修养的体现，也是他们浪漫气质的流露。

在为人处世上，他们非常有耐心，重视人与人之间的感情。他们懂得倾听，也懂得表达，总是能够在交往中让人感到舒适和愉悦。他们善于控制时间，但却不喜欢被时间所控制。他们会合理安排自己的行程，既能够高效地完成工作，又能够适时地放松自己，享受生活的美好。

此外，喜欢戴怀表的人往往比较传统，喜爱复古的生活方式。他们喜欢那些经过时间沉淀的事物，认为它们有一种独特的韵味和魅力。他们的举止高雅，无论是工作还是休闲场合，都能够展现出一种不凡的气质。

总的来说，喜欢怀表的人是一类懂得生活、善于把握自己、具有深厚文化修养和浪漫气质的人。他们的存在，就像那胸前的怀表一样，虽然在现代社会中显得有些独特，但却总能吸引人们的目光，让人不禁想要深入了解他们背后的故事。

5. 喜欢液晶显示手表的人

液晶显示手表的佩戴者，往往性格单纯，想法天真。他们喜欢那些简洁方便的事情，对于那些抽象复杂的事物，他们可能会感到头痛，甚至避而远之。这种性格特点使他们在处理问题时更加直接和务实，不喜欢绕弯子或者过于复杂的思考过程。

在人际交往中，这类人通常非常认真谨慎，对待朋友的选择也非常挑剔。他们重视友情，但并不会轻易与他人建立深厚的情感联系。他们更倾向于与那些价值观相近、性格相投的人成为朋友，并与之保持长久而稳定的友谊。

同时，液晶显示手表的佩戴者往往也具有一定的实用主义精神。他们注重实际效益，不喜欢虚华和浪费。在购物时，他们通常会选择那些性价比高、实用性强的产品，而不是盲目追求品牌或者潮流。

6. 不戴手表

在现今社会，手表已不再仅仅是一个计时的工具，它更多地成了一种时尚配饰和个性的展示。然而，有些人却选择不戴手表。

对于那些没有时间观念的人来说，不戴手表或许是他们随性的表现。他们可能不太关注时间的流逝，更注重享受当下的每一刻。这种心态使他们能够轻松应对生活中的各种变化，不拘泥于固定的计划和安排。而另一些人选择不戴手表，则是因为他们不愿意让时间支配自己。这类人通常非常独立，崇尚自由，讨厌被任何形式的条条框框所束缚。他们喜欢按照自己的节奏生活，不受时间的限制和约束。这种性格使他们在职场和生活中都能展现出独特的魅力和个性。

然而，不戴手表的人也可能因为过于注重自己的感受而在社会生活中受到冷落。他们可能不太关注他人的需求和期望，只关注自己的内心世界和情感体验。这种特点在某些情况下可能会导致他们与他人产生隔阂和误解。

手表作为职场中的一种配饰，不仅能够展现个人的品味与风格，更能透露出佩戴者的性格与个性。通过仔细观察手表的款式与佩戴方式，我们可以更好地理解职场中的同事与合作伙伴，为建立良好的人际关系提供有益的参考。人们佩戴表的习惯常常是由他们的性格所决定的，所以我们也可以尝试从所佩戴的表去了解一个人。

第十五节 手提包

手提包，这一日常生活中不可或缺的物品，早已超越了其本身的实用功能，成为一种时尚的象征和个性的展示。对于女性而言，无论是工作、学习还是生活，手提包都如影随形，陪伴在她们身边。而正是这种普遍性和亲密性，使得手提包在某种程度上成了包主人个性的无声传达者。

手提包的款式、颜色、材质以及使用方式，都能透露出包主人的生活态度和个性特点。比如，喜欢简约风格手提包的人，往往性格内敛、低调，不喜欢张扬；而偏爱夸张、独特设计的人，则可能个性鲜明、敢于尝试新事物。此外，手提包的颜色也能反映主人的情感倾向和审美偏好。暖色调的包通常代表着主人的热情、活泼，而冷色调的包则可能意味着主人的冷静、理性。

手提包的功能性也是其重要的属性之一。一个结构合理、收纳有序的手提包，往往反映出主人对生活的细致规划和高效管理。而一个杂乱无章、随意塞满物品的包，则可能暴露出主人的随意和散漫。同时，手提包的大小和重量也是不容忽视的因素。轻便小巧的包适合快节奏的生活，显示出主人的利落和高效；而大而重的包则可能意味着主人喜欢携带更多物品，注重生活的丰富性和多样性。

手提包的选择和使用方式，还能反映出主人的社会地位和经济状况。高档品牌的手提包往往代表着主人的经济实力和社会地位，而环保材质或手工制作的包则可能彰显出主人的环保意识和独特品味。同时，手提包的清洁度和保养状况也能体现主人的生活态度和性格特点。一个干净整洁、保养得宜的包，往往代表着主人的细心和自律；而一个污迹斑斑、磨损严重的包，则可能暗示着主人的粗心和不拘小节。

总的来说，手提包作为日常生活中的重要物品，不仅具有实用功能，更是包主人性格、生活态度和价值观的无声传达者。通过观察和分析手提包的款式、颜色、材质、使用方式以及保养状况等因素，我们可以对包主人的性格特点和生活态度有一定的了解。

1. 喜欢休闲式随身包的人

喜欢这类包的人通常工作有很大的伸缩性，自由活动的空间比较大，正是由于这种天生的性格，使得这类人大多很懂得享受生活。他们对生活的态度比较随意，不会过分苛刻地要求自己。这类人比较积极和乐观，也有一定的进取心，能很好地安排自己的工作、学习和生活，懂得劳逸结合，往往能在比较轻松惬意的氛围里把属于自己的事情做好，并取得一定的成就。

2. 喜欢有小把手的方形或长方形的手提包的人

喜欢这类包的人有时喜欢把随身包当成一种装饰品，并不奢求它有过多实用性。喜欢这类包的人，大多没有经历过什么磨难，心理比较脆弱，遇到挫折时比较容易妥协和退让。

3. 喜欢中型肩带式随身包的人

喜欢这类包的人一般个性比较独立，但在言行举止等方面相对比较传统和保守。他们有一定相对的自由空间，但不是很大，交际圈子也比较狭窄，朋友也不是很多。

4. 喜欢超大型随身包的人

喜欢这类包的人性格大多是那种自由自在、无拘无束的，比较容易与他人建立某种特别的关系。但是，关系一旦建立以后，也很容易破裂，这或许是由他们的性格所决定的。这类人对待生活态度比较散漫，缺乏必要的责任感。虽然他们自己感觉无所谓，但这种不负责任的态度，却并不是所有人都能容忍和接受的。

5. 喜欢具有浓郁的民族风格、地方特色的随身包的人

喜欢这类包的人具有较强的自主意识，是典型的个人主义者。他们个性突出，平时有着与他人截然不同的衣着打扮、思维方式等等。他们在人际交往过程中不善于营造和谐、融洽的气氛，显得与他人格格不入，所以维系较好的人际关系有些困难。

6. 喜欢金属制随身包的人

喜欢这类包的人通常有较敏感的时尚观念，喜欢跟潮流，他们对新鲜事物的接受能力也是很强的。但是这一类人，在很多时候总是吝啬于付出自己的财力、物力、情感等，而总是希望别人能够更多地付出。

7. 喜欢把手提包当成购物袋的人

这类人在工作和生活中总是希望寻找捷径，企图在最短的时间内以最少的精力把事情办成。他们很讲究做事的效率，但做起事来又比较杂乱无章，没有一定的规则，大多数时候并不能如愿以偿。他们的性格多比较随和亲切，有很好的耐性，满足于自给自足。在他们的性格中感性的成分要比理性成分多一些，做事有些喜欢意气用事，独立能力比较强。

8. 喜欢随身携带公文包的人

随身携带公文包往往出于工作需要，但从其中多少也能透露一些个性的特征。他们的生活态度比较严肃，办事较小心谨慎，他们不一定不苟言笑，即使是有说有笑的人也会相当严厉。当然，他们对自己的要求往往更高。

9. 喜欢中性色系手提包的人

这类人的表现欲望并不是很强烈，他们不希望被人注意，目的是减少

压力。他们凡事多持得过且过的态度，比较懒散。在对待他人方面，也喜欢保持相对中立的立场。

10. 提包里的东西摆放得乱七八糟的人

这类人没有一点规则，要找件东西，需要把提包内的所有东西全部倒出来。可以看出他们的生活是杂乱无章的，奉行的是"无所谓"的随便态度。这一类型的人做事多比较含糊，目的性不明确，但对人通常都较热情和亲切。由于无所谓的生活态度，经常会使生活陷入难堪境地。和这一类型的人相识、相交都比较容易，分开也不难。

11. 不喜欢携带手提包的人

这类人可以分两种情况分析其个性特征：可能是因为他们比较懒惰，觉得带一个包是一种负担，太麻烦了。还有一种可能是他们的自主意识比较强，希望独立，而手提包会在无形当中造成一些障碍。两种情况都把手提包当成是一种负担，可以间接反映出这类人的责任心并不是特别的强，他们不希望对任何人、任何事负责任。

包的类型可以显示出一个人的性格。而根据包内所装物品的分析，你也可以看出一个人的心理类型，这是心理学家给出的结论。其类型和内部物品的摆放方式，常常无声地揭示着主人的性格特征和心理状态。以下便是通过手提包来解读主人性格的七种类型。

清洁型： 这类人的手提包始终保持干净整洁，内部随时备有清洁剂、去污剂、药品等日常用品。他们个性上喜爱冒险，心地善良，但往往个性较为刻板，对危险事物极其敏感。他们的生活中充满了秩序和规划，总是能够妥善应对各种突发情况。

杂乱型： 即使是最常用的物品，也会被放置在提包的最底下，寻找物品时常常需要翻遍整个提包。这类人个性大而化之，待人热情，不拘小节。他们的随和与豁达使得与人相处变得轻松，但有时也因为缺乏细致和谨慎而陷入困境。

整齐型： 这类人的手提包内物品摆放得井井有条，款式朴素大方，色调偏向素雅。他们具有强烈的上进心和责任感，办事可靠，品行端正。在人际交往中，他们总是彬彬有礼，充满自信。然而，过于追求条理和规则，有时可能缺乏一些想象力和灵活性。

全面型： 提包里应有尽有，从备用眼镜到缝衣针线，一应俱全。这类人个性认真严格，善于处理实际问题，很能持家，心地善良。但如果在男士的提包里发现这些东西，可能意味着他在某些方面过于拘泥细节，缺乏生活自理能力。

收集型： 这类人的提包里装满了各种票据、说明书、剪报等杂物，他们习惯购买容量大的提包来容纳这些物品。他们富于幻想，但缺乏条理，不善于处理生活琐事。在社交场合中，他们喜欢炫耀自己的收藏品，以此吸引他人的注意。

职业型： 提包里装满了各种笔记本、邮票、信封等与工作相关的物品。这类人普遍具有自信，但可能缺乏幽默感。他们对生活上的许多事情看法过于简单幼稚，个人意识较强。在工作中，他们注重细节和效率，是职场上的佼佼者。

摩登型： 这类人的手提包样式新颖，内部装满了各式各样的饰品和化妆品。他们喜爱色彩，富于幻想，追求时髦和冒险。在生活中，他们总是不忘装扮自己，保持最佳状态。然而，过于追求外表和时尚，有时可能忽视了内在的成长和提升。

手提包作为日常生活中的重要物品，不仅具有实用功能，更是包主人性格、生活态度和价值观的无声传达者。通过观察和分析手提包的款式、颜色、材质、使用方式以及保养状况等因素，我们可以对包主人的性格特点和生活态度有一定的了解。同时，我们也可以通过选择合适的手提包来展示自己的个性和品味，让手提包成为我们时尚宣言的一部分。

第 2 招

辨语言:
话里话外的心灵密码

语言,是人与人之间沟通的桥梁，但同时也是一扇隐藏了无数秘密的窗户。你是否想过，每一句话、每一个词汇，甚至每一个语调，都可能透露出对方内心的真实想法和情绪。在"第二招：辨语言"中，我们将一起探索如何通过"分辨语言"来洞察人心，从而更好地读懂他人、理解他人、应对复杂的人际关系。

　　辨语言，简单来说，就是人们在交流中所使用的语言方式，包括语速、语调、词汇选择、语法结构、口头禅等多个方面。这些看似微小的细节，实则蕴含着丰富的信息，可以揭示出说话者的性格特征、情绪状态、思维习惯甚至潜意识中的需求。

第一节 打招呼

在日常生活中，打招呼是我们与他人建立联系的第一步。一句简单的"你好"，背后却隐藏着深深的性格特征和人际交往的态度。

1. 从打招呼的方式和用语中，我们可以窥见一个人的内心世界

首先，观察一个人打招呼时的动作，我们可以初步判断其性格特点。心理学普遍认为，那些打招呼时直视对方眼睛的人，通常表现出真诚和坦率的性格。他们对自己和对方都充满信心，敢于正视交流。相反，那些打招呼时不看对方眼睛、目光游移的人，可能性格较为胆小，缺乏自信，或者在人际交往中有所戒备。再者，有些人打招呼时会故意退后几步，这种行为可能反映出他们的防卫和警戒心理。他们可能对交往有所顾忌，希望通过保持一定的空间距离来维护自己的安全感。同时，这种行为也可能是一种表达谦虚的方式，他们希望通过让渡空间来使交往更加顺畅。

而除了动作之外，美国路易斯维尔大学心理学家斯坦利弗拉杰博士研究发现，从一个人打招呼的习惯用语中，也可以看出一个人的性格特征，揭示其处理人际关系的态度。

例如，经常说"见到你很高兴"的人，他们性格开朗，待人热情、谦逊。他们喜欢参与各种活动，善于与他人交往，而不是孤立自己。他们对生活充满乐观情绪，但有时候也容易感情用事，过于沉迷于自己的幻想中。

常说"最近过得怎么样？"的人，他们喜欢引人注目，充满自信。他们习惯于在行动之前深思熟虑，确保自己的每一步都走得稳健。一旦他们接手某项任务，就会全力以赴，不达目的誓不罢休。

而经常使用"嗨"这类用语的人，可能性格较为腼腆害羞，多愁善

感。他们在社交场合中可能会感到不自在，担心自己的表现如何，因此总是小心翼翼，不敢轻易尝试新事物。但与他们熟悉后，你会发现他们其实也很热情、讨人喜欢，尤其是在与家人或朋友相处时。

经常使用"你好"这类用语的人，往往头脑冷静，对待工作和生活都十分认真。他们善于控制自己的情绪，给人一种稳重可靠的感觉，因此深得同事和朋友们的信赖。

言语方式可以透露出一个人的性格特征，折射出一个人的内心世界，一个简单的打招呼背后竟然隐藏着如此多的性格特点和人际交往的态度。通过观察和分析这些细微之处，我们可以更加深入地了解他人，为建立良好的人际关系打下坚实的基础。

2. 通过言语的主动与被动，我们可以判断性格内向与外向的微妙差异

在心理学的框架内，我们首先可以通过言语来判断一个人是内向还是外向。内向的人往往言语较少，更多时候选择沉默。他们更倾向于生活在自己的精神世界中，因此更偏爱思考，享受独自冥想的乐趣。在与他人打招呼时，他们可能只是简单地说一句"你好"，或是微笑示意。当讨论具体问题时，内向的人通常更直接，喜欢直奔主题，避免过多的寒暄和无关紧要的谈话。

相比之下，外向的人则更加热衷于与人交往，他们的言语充满了活力和细节。他们喜欢与人聊天，无论是关于对方的变化还是共同的兴趣，都能让对话充满生机。当谈到具体事情时，外向的人可能会谈论很多，但内容可能相对分散，很少直接集中在主题上。这是因为他们更关注与对方的关系，而非单纯的事情本身。

进一步地，从言语中我们还可以洞察一个人的性格是主动还是被动。主动的人自我意识强烈，他们渴望在与人交往中实现自己的意志，往往喜欢对别人提出要求。这种性格的人在与人相处时，可能会经常说"你帮我……""你替我做下……"等话语。相反，被动的人更注重保护自我价值感，他们尽量避免引起他人的否定，因此宁愿自己做事，也不愿轻易寻

求帮助。在与他人交往中，主动的人可能会给人一种强势的感觉，而被动的人则更加温和，不易引起冲突。

当然，人的性格是复杂且多维度的，不能仅仅通过言语来判断。但言语作为我们日常交流的主要方式，确实为我们提供了一个了解他人和自己的窗口。通过细心观察和分析，我们可以更加深入地读懂他人、理解他人，从而建立更加和谐的人际关系。

打招呼虽简单，但背后蕴含着深厚的心理学和人际交往智慧。打招呼不仅是简单的问候，更是心灵的互动。一个恰当而热情的打招呼方式，往往能为后续的沟通奠定良好的基础。心理学研究告诉我们，良好的第一印象能在后续的十次沟通中产生积极的心理效应，而一个不佳的印象可能需要十倍的努力来扭转。

第二节　称谓

通过称谓来洞察对方的性格特征，实乃一种既富有趣味又颇具智慧的观察方法。称谓，这看似微不足道的细节，实则蕴含着丰富的心理信息和个性特征。不同的称呼方式，往往如同色彩斑斓的画笔，勾勒出人们各自不同的心态和性格特点。

心理学家克洛普教授曾深刻指出："对方如何称呼你，实则是其内心深处的一种映射。"这一观点，恰如一面明镜，映照出人际交往中称谓的深刻内涵。我们所用的称谓，并不仅仅是简单的身份标识，它更像是一面镜子，反映出对方对我们的认知、态度和价值观。

在纷繁复杂的人际交往中，称谓的运用恰似一门微妙的艺术。它不仅能够传递出我们对他人的尊重和亲疏程度，更能在无形中揭示出对方的个性特点和心理状态。心理学研究亦表明，称呼方式与个体的心理状态和性格特征之间存在着密切的关联。因此，通过细心观察和分析不同的称谓，我们往往能够窥见对方内心深处的世界，进一步了解其性格特征。

1. "直呼其名"，喜欢直接称呼名字的人

使用对方的全名通常显得正式和尊重。这种称呼方式常见于工作场合或需要保持一定距离感的社交场合。使用名字的人可能比较注重规矩和秩序，性格偏向稳重和保守。

不管哪个人，都有"得到别人认同""被人尊敬"的欲望，心理学称为"承认需求"。当别人直呼我们的名字时，这种欲望可以得到一定程度的满足。而叫别人名字的人，可能就是运用了这个心理效应，目的是增进自己和对方之间的亲密。换句话说，频繁地叫对方的名字，可以满足对方的承认需求，进而拉近彼此间的心理距离。被叫名字的一方，如果感觉自

己也正好喜欢对方，那就抓住这个发展关系的大好机会吧。

不过，如果把背景换为商务场合，情况就有所不同了。在商务场合，如果有人频频直呼我们名字的话，与其说他们是想和我们搞关系，倒不如说是有预谋地巴结我们。如果对方突然出现这种态度的话，我们可要提高警惕了。

专家提醒称呼对方时如果使用对方不反感的绰号，将会使对方感到更加亲密。不过使用时要注意场合，不能显得嬉皮笑脸。

2. 喜欢叫人昵称的人

昵称，作为亲密与友好的独特表达方式，常常在家人、朋友或恋人之间流传。那些喜欢称呼他人昵称的人，往往性格中透露出一种开朗与随和的气息。他们善于用昵称这种特殊的语言形式，去建立并维护彼此之间的亲密关系，展现出对情感和情感表达的重视。

这类人通常热情友好，他们深知一个亲切的昵称能够迅速拉近彼此的距离，因此总是乐于使用这种方式来营造一种温馨、和谐的氛围。他们的昵称使用不仅仅是一种称呼，更是一种情感的传递，让对方感受到他们的真诚与善意。

他们易于接近，不害怕与他人建立深厚的情感联系。在他们看来，昵称是关系亲密的象征，也是彼此信任和理解的基础。因此，他们愿意投入时间和精力去维护这些关系，让彼此之间的情感更加深厚。

注重人际关系的他们，深知一个合适的昵称能够在无形中加强彼此之间的联系。他们善于观察和理解他人的需求，能通过昵称的使用来增进彼此之间的了解和信任，使关系更加稳固。

此外，他们通常性格乐观开朗，喜欢将积极的情绪传递给周围的人。使用昵称，就是他们表达这种乐观态度的一种方式，让周围的人感受到他们的阳光和活力。

他们的适应性也很强，能够在不同的社交环境中灵活运用昵称。无论是与家人、朋友还是恋人相处，他们都能够根据情境选择合适的昵称，展现出彼此之间的亲密关系。

3. 称呼职位或头衔的人

称呼职位或头衔的人，在商务场合或正式社交环境中往往能够展现出一系列独特的特点。他们深谙职场礼仪，懂得通过恰当的称呼来展示对对方的尊重和专业认可，这种细致入微的交往方式体现了他们的敏锐洞察力和人际交往能力。

这类人通常具备较强的权威意识，他们认为明确的职位或头衔称呼有助于确立个人的身份和地位，从而在职场中树立自己的权威形象。他们注重规则和秩序，倾向于以严谨和务实的态度对待工作和生活中的每一件事。

此外，使用职位或头衔称呼对方的人往往具备较高的专业素养和职业道德。他们深知职场中的规则和界限，能够准确把握不同场合下的称呼方式，避免出现不必要的尴尬或误会。他们注重与同事、合作伙伴之间的良好关系，善于通过恰当的称呼来增进彼此之间的信任和合作。

然而，这种称呼方式也可能导致他们在某些情况下显得过于正式或拘谨。在一些轻松或亲密的场合，过于强调职位或头衔可能会让人感到距离感增加，难以建立真正的友谊和信任。因此，在使用职位或头衔称呼对方时，他们也需要根据具体情况做出灵活调整，以更好地适应不同场合和情境。

4. 总是称呼小名或乳名的人

喜欢称呼小名或乳名的人，通常性格中透露着一种深深的亲切感和对家庭、亲情的珍视。小名或乳名，这些充满温馨和回忆的称呼，往往只在最亲密的家庭成员或朋友之间使用，它们承载了童年时光的美好和纯真。

这类人在日常交往中，不拘泥于形式化的称呼，更愿意用那些充满情感色彩的小名来拉近彼此的距离。在他们看来，小名不仅仅是一个简单的称呼，更是一种情感的传递和连接。通过称呼对方的小名，他们能够迅速营造出一种轻松、愉快的氛围，让交流变得更加自然和亲切。

同时，喜欢称呼小名的人往往非常重视家庭和亲情。他们深知家庭是温暖的港湾，是心灵的归宿。因此，他们在与家人相处时，总是能够展现出无尽的关爱和包容。他们喜欢回忆童年的点点滴滴，那些与家人共度的美好时光，是他们心中最珍贵的财富。

此外，这类人的性格往往较为温和与怀旧。他们不善于与人发生冲突和争执，更愿意用平和的态度去处理问题。同时，他们也喜欢怀念过去，那些美好的记忆和经历，总能让他们感到无比的温暖和安慰。

5. 喜欢使用爱称或亲昵称呼的人

爱称或亲昵的称呼，是情感交流中的一种独特表达方式，它承载着深深的爱意和特殊的情感连接。这种称呼方式常见于情侣、夫妻或关系亲密的亲友之间，如"宝贝""亲爱的"等，它们像是情感的催化剂，能够在瞬间点燃彼此心中的温暖与甜蜜。

喜欢使用爱称或亲昵称呼的人，往往性格中透露出一种浪漫与感性。他们善于用言语来表达内心的情感，不吝啬对爱人的赞美和关怀。在他们看来，称呼是情感的传递工具，通过亲昵的称呼，能够更直接、更深刻地表达对对方的爱意和依恋。

这类人在情感交流中往往更加主动和热情。他们乐于分享自己的感受，也愿意倾听对方的心声。在他们看来，亲密关系不仅仅是身体的接近，更是心灵的交融。因此，他们会通过各种方式来增进彼此之间的情感连接，让爱情在岁月的长河中愈发深厚。

同时，这类人也非常重视与对方的亲密关系。他们深知，亲密关系需要双方的共同努力和付出。因此，他们会时刻关注对方的需求和感受，用心去经营和维护这段关系。在他们看来，爱情不是一种简单的情感表达，而是一种需要用心去呵护和珍惜的宝贵财富。

6. 经常称呼外号或绰号的人

经常称呼外号或绰号的人，往往具备一种独特的性格特征，即幽默、风趣且不拘小节。他们善于观察他人的特点或行为，并据此起出有趣的外号或绰号，以此来表达自己对对方的认可和亲近。

这类人在社交场合中往往能够迅速吸引他人的注意，通过外号或绰号的巧妙运用，轻松制造出愉快的氛围。他们不仅能够化解尴尬或紧张的气氛，还能够用幽默的方式化解冲突，让周围的人感到轻松和自在。这类人通常也比较开朗和乐观，他们对待生活的态度积极向上，能够用幽默的眼光看待身边的一切。他们喜欢与人交流，善于用言语来表达自己的情感和想法，因此在朋友圈中往往拥有广泛的人脉和影响力。

然而，需要注意的是，外号或绰号的使用也需要适度。虽然适度的幽默和调侃能够增进彼此之间的友谊和亲近感，但过度或不当的使用也可能引发不必要的误会或冲突。因此，在使用外号或绰号时，需要考虑到对方的感受和接受程度，避免给他人带来不必要的困扰或伤害。

通过细心观察一个人对他人的称呼方式，我们不难发现其中蕴含着丰富的个性特点和情感倾向。无论是严谨的职位称呼，还是亲切的乳名昵称，又或是幽默的外号绰号，每一种称呼方式都像是一面镜子，映射出称呼者内心的情感和性格特征。

正如美国著名心理学家威廉·詹姆斯所说："人性最深刻的原则就是希望别人对自己加以赏识。"不同的称呼方式，正是人们对他人赏识和认可的不同表达形式。那些注重权威和地位的人，通过职位或头衔的称呼来展现自己的专业素养和严谨态度；而那些珍视家庭和亲情的人，则更倾向于使用小名或乳名来营造亲密无间的氛围。

心理学研究也表明，称呼方式的选择与个体的性格特征、情感需求以及社交风格密切相关。不同的称呼方式能够影响人与人之间的情感交流和关系建立，甚至在一定程度上塑造着我们的社交圈子和人际关系。

第三节 聊天

在人际交往的广阔天地中，语言是最直接的交流工具，也是了解一个人内心世界的窗口。中国有句古话叫"言由心生"，意指一个人的言语表达往往源于其内心状态，而这一点在聊天时表现得尤为明显。通过细致观察和深入交流，我们可以从中窥见一个人的性格特质、生活态度乃至道德品质。

设想一下，当我们在日常生活中与人交往时，对方的一言一行都是他性格的反映。有的人言辞犀利，直截了当，这往往暗示着他们性格中的果断和率真；而有的人则言辞委婉，含蓄内敛，这可能反映出他们性格中的细腻和谨慎。这些不同的说话方式，就像一面面镜子，映照出每个人独特的内心世界。

进一步说，一个人的语言风格不仅与他的性格紧密相关，还与他的生活环境和质量有着千丝万缕的联系。那些生活在富裕和谐环境中的人，他们的语言往往充满了自信和乐观；而生活在贫困或动荡环境中的人，他们的语言可能更多地流露出焦虑和不安。这种联系并不是绝对的，但它确实为我们提供了一种通过语言了解他人生活状态的途径。

然而，聊天不仅仅是一种了解他人的手段，更是一种保护自己、避免被他人算计的方式。在我们的生活中，总有一些人表面和善，但背后却心怀不轨。他们可能会用各种手段来蒙蔽我们的双眼，让我们难以看清他们的真实面目。但只要我们掌握了足够的交际技巧，就能够从他们的语言中捕捉到一些微妙的线索，从而识破他们的伪装。

聊天时，我们不仅要听对方说了什么，更要关注他们是怎么说的。一个人的语气、语调、用词乃至语速，都可能成为揭示他们内心世界的钥匙。比如，有的人在聊天时总是习惯性地使用负面词汇，这可能暗示着他们内心的消极和悲观；而有的人则善于用幽默和乐观的语言来调节气氛，这通常反映出他们性格中的积极和开朗。

在人际交往中，聊天是一种常见且富有深度的交流方式。通过聊天，我们不仅可以了解对方的兴趣爱好、生活经历，还能洞察其性格特征。

1. 通过聊天来判断他人的性格

首先，观察对方选择的话题。一个人选择聊什么往往反映了他的兴趣和关注点。如果对方经常谈论家庭、情感等温馨话题，可能是一个注重情感和家庭的人，性格上可能偏向细腻和温情；如果对方热衷于讨论政治、经济等宏观话题，可能是一个理性、有远见的人，性格上可能偏向冷静和理智。

其次，注意对方描述过程的方式。有些人描述事情时，注重细节，绘声绘色，这可能表明他们善于观察和感受，性格上可能偏向敏感和细腻；而有些人则可能言简意赅，直截了当，这可能表明他们注重效率和逻辑，性格上可能偏向直率和果断。

此外，面部神态和表情也是判断对方性格的重要依据。例如，有些人聊天时总是面带微笑，眼神温和，这可能表明他们性格开朗，亲和力强；而有些人则可能表情严肃，眉头紧锁，这可能表明他们性格内向，注重思考。聊天时的情绪表达也是判断对方性格的重要依据。对方是否容易激动、是否善于控制自己的情绪等，都可以反映出其性格特点和内心世界。有的人聊天时容易激动，这表明他们性格外向，口无遮拦，而有些人则可能表情严肃，语气生硬，这可能暗示他们性格内向，注重隐私。

当然，聊天时还可以通过观察对方的语言风格来判断其性格。比如，有些人语言温和、措辞谨慎，可能是一个稳重、沉着的人；而有些人则可能言辞犀利，直戳要害，可能是一个果断、有魄力的人。这一观点得到了许多知名研究的支持。美国心理学家罗伯特·F. 凯利的一项研究印证了这一观点，他通过对大量的人际交流样本进行分析，发现个体的语言风格与其性格特征之间存在着显著的对应关系。凯利指出，个体的语言使用习惯，如用词选择、句式结构、语速语调等，都可以反映出其内在的性格特质和情感状态。例如，那些倾向于使用积极、肯定的语言的人，往往具有更加自信、乐观的性格特征。他们善于表达自己的情感和观点，不容易受到外界的影响。相反，那些倾向于使用消极、否定的语言的人，则可能更加内向、悲观，缺乏自信和安全感。此外，凯利还发现，个体的语言风格还会受到其文化背景、教育背景和职业习惯等因素的影响。例如，来自不同文化背景的人可能会使用不同的语言习惯来表达相同的情感和观点。因此，在通过聊天判断他人性格时，我们需要综合考虑多种因素，避免片面和主观判断。

可见，聊天是一种解码他人性格的有趣且实用的技能。通过细心观察和分析对方的语言风格，我们可以更加深入地了解他们的性格特质、思维方式和情感状态。凯利的研究为我们提供了重要的理论依据，让我们更加相信聊天在人际交往中的重要作用。同时，我们也需要注意到语言风格的多样性和复杂性，避免过于简单化和片面化判断。我们和他人聊天，对方选择说哪些话题、怎样描述过程等细节、面部的神态表情，均可透露出他的沟通风格和性格特征，需要注意的是，判断他人性格时不能仅凭一次聊天就下结论。人的性格是复杂多变的，需要在多次交流和互动中逐渐了解和验证。

2. 聊天风格与性格类型

我们还要意识到，每个人都有其独特的个性和魅力，我们应该尊重和欣赏这种多样性，让我们来列举几种聊天的风格与性格类型。

比如不温不火，善解人意者，往往属于亲和力好的和平型；沉默少言，但不鸣则已，一鸣惊人者，属于善于观察的完美型；话题丰富，善于描述，思维跳跃者，属于表现欲很强的活泼型；喜好争辩，常使用批判及攻击性词语者，属于控制欲较强的力量型。

平时沉默寡语，突然"口若悬河"的人。这种人性格内向，一般情况下是不善于用语言表达自己，除非遇到让他们忍无可忍的事情时才会通过有理有据的说话发泄出来。他们的办事态度认真而且刻板，墨守成规，所以内心总是处于紧张状态，心理上有一种被什么事情挤压着的、非常压抑的感觉。

说话时直截了当的人。这种人豪爽率直，与人一见如故，不一定是为了拉关系，而是天性使然。这种人的率直个性会使大多数人喜欢，但有时也会因为说话过于唐突，惹怒和得罪一些人。

说话的话题很广泛的人。这种人待人比较热情，往往出手大方，因而有很多朋友，不少人对他们比较信任，并且常常有好感。这种人善于揣度别人的心思而投其所好，擅长跟各方面的人打交道。他们常常左右逢源，可谓八面玲珑。但这种人有时会代人受过，身不由己地去干一些不利于自己的事情来。

喜欢闭眼说话的人。闭眼往往代表着一种无视和挑衅，闭眼说话的人，往往性格傲慢，不把他人看在眼里，自以为是，优越感很强。

谈话时对事情的预测性很准的人。这种人思维比较敏捷，头脑灵活，学识渊博，精读过各种书籍，对各方面的事情都有研究，对自己经历的每件事都有感悟，这才使得他们料事如神，有先见之明。

能够根据谈话的进行，巧妙地改变自己的人。这种人机智聪明，头脑灵活，思维敏捷，能言善辩，能够在很短的时间内正确地分析事情的优劣，然后寻找适合的方法解决问题。

在谈话中能够运用妙语反诘的人。这种人成熟持重，思维敏捷，能说会道，还善于聆听别人讲话，当形势对自己不利时，能够抓住各种机会进行反击，从而使自己处于主动地位。

在谈话中善于旁敲侧击的人。这种人比较圆滑和世故，人很聪明、成熟，并且很有心计，能言善辩，与人说话时往往能做到一语双关。

在谈话中滥竽充数的人。这种人性格内向，不善言辞，没有主见，依赖性很强，对自己没有信心，胆小怕事，遇事推卸责任，凡事只求安稳太平，与世无争，也没有进取心。

说话固持己见的人。这种人性格外向，顽固，自以为是，从来听不进他人的意见和建议，哪怕他人是正确而自己是错误的。

由此可见，聊天，作为日常生活中最为普遍且直接的交流方式，实际上蕴含着丰富的信息。它不仅仅是一种社交活动，更是一种深入了解他人内心世界的方式。通过聊天，我们可以观察对方的言行举止、面部神态以及情绪表达，进而判断其性格特质。正如古罗马哲学家塞涅卡所言："言语是心灵的图像。"聊天正是这样一种能够反映心灵图像的过程。在聊天的过程中，对方选择的话题、描述方式以及用词等细节，都可以透露出其沟通风格和性格特征。比如，有些人喜欢谈论日常生活和情感话题，这可能表明他们注重情感和家庭，性格上偏向感性和温情；而有些人则更热衷于讨论抽象的概念和理论，这可能表明他们善于思考和分析，性格上偏向理性和冷静。

聊天还是一种建立和谐、有效人际关系的手段。通过聊天，我们可以了解对方的兴趣爱好、价值观和生活经历，从而找到共同点，增进彼此之间的了解和信任。这种深入的交流和互动，有助于我们结交真诚的朋友，避免与不良之人交往，进而在生活和工作中取得更多的成功。

然而，要想通过聊天深入了解他人，并非易事。这需要我们有敏锐的观察力、丰富的经验和良好的沟通技巧。我们需要学会倾听、提问和回应，以建立一种良好的交流氛围和信任关系。我们需要学会运用聊天这一技能，以建立良好的人际关系，让我们在人际交往中更加从容自信，收获更多的友谊和成功。只有这样，我们才能真正掌握这门"聊天识人小妙招"，让它在人际交往中发挥最大的作用。

第四节 口头禅

口头禅，这一人们日常生活中频繁使用的短语或句子，其实是我们内心对事物的一种独特看法。正如一句名言所说："言语是心灵的回声。"口头禅正是外界信息在我们内心经过复杂的心理加工后，形成的一种固定的语言反应模式。当相似的情境再次出现时，这些口头禅会自然而然地脱口而出。

口头禅素来有之，并且中外皆有。老外爱把"Whatever"挂在嘴边，和中国人的"随便""无所谓"意思相近。对国内十多个大城市进行的口头禅调查的结果显示，中国人最爱说的十大口头禅分别是："随便"（10.5%）、"神经病"或"有病啊"（8.1%）、"不知道"（7.2%）、脏话一类（6.7%）、"郁闷"（6.5%）、"我晕"（5.6%）、"无聊"（5.5%）、"不是吧"或"真的假的"（4.8%）、"好的"（4.6%）、"没意思"（4.6%）。我们也应该看到，这些口头禅的流行并非全然负面，也是社会压力的微观体现。它们实际上是人们面对压力和挑战时的一种情感宣泄和情绪调节方式。通过说出这些口头禅，人们可以暂时释放内心的压力和不满，从而缓解紧张的情绪状态。同时，这些口头禅也可以作为一种社会现象的反映，引起人们对社会压力和个体心理健康的关注。

一位知名人类行为学家曾说："人类有两种表情，一种是脸上所呈现的表情；另一种是说话时对方所传达的信息。"口头禅是人潜意识的条件反射，是人在不经意间透露的个人信息与个人性格。

口头禅的形成，背后往往隐藏着两个主要原因。首先，是重大事件对人的深远影响。生活中，每个人都会经历一些刻骨铭心的时刻，这些经历会深刻地烙印在我们的心灵深处。当我们在之后的日子里再次遇到类似的情境时，这些经历就会通过我们的口头禅表达出来。这些口头禅成了我们与他人分享过去、表达情感的一种方式。其次，这一语言习惯的形成也是积累效应的结果。在日常生活中，我们会多次遇到相似的情境。每当我们面对这些情境时，我们的内心都会产生相应的反应。随着时间的推移，这些反应逐渐在我们的语言中固化下来，形成了固定的口头禅。这些口头禅成了我们应对生活的一种方式，也反映了我们对生活的看法和态度。

1. 通过口头禅，我们可以窥探到一个人的内心世界

一个经常说"没问题"的人，可能是一个乐观向上、自信满满的人；而一个常说"我不知道"的人，则可能是一个谦虚谨慎、喜欢思考的人。口头禅不仅是我们与他人交流的一种方式，更是我们内心世界的一种展现。

心理分析认为，口头禅的形成与我们的心理状态、情感反应以及潜意识的深层结构紧密相连。它们是我们内心对事物的看法、态度和情绪的表达方式。通过分析一个人的口头禅，我们可以窥探到其内心的真实想法、情感状态和性格特点。

第一种口头禅是"我早就知道了"。这类人通常有强烈的自我表现欲望，他们觉得自己懂得比别人更多，而且往往不太注意倾听他人的谈话内容。这种人往往比较自我中心，缺乏对他人的尊重和关注。

第二种口头禅是"其实"。这类人往往有些自负，希望引起别人的注意，所以经常使用"其实"这个词语。他们觉得自己的话比别人更有分量，也更有说服力。这种人可能有些自恋，不太善于倾听他人的观点和建议。

第三种口头禅是"果然"。这类人往往自以为是，以自己为中心，不考虑他人的想法和感受。他们觉得自己的判断和预测总是正确的，而且非常肯定自己的观点。这种人可能比较固执己见，不太容易接受别人的意见和建议。

第四种口头禅是"绝对"。这类人往往容易主观臆断，缺乏客观分析问题的能力。他们往往使用"绝对"这个词语来表示自己的观点，而且不太愿意听取别人的意见。这种人可能比较武断，容易做出错误的决策。

第五种口头禅是"真的"。这类人往往缺乏自信，害怕别人不相信自己的话。他们会使用"真的"这个词语来加强自己的表达力度，让别人相信自己。这种人可能比较敏感，容易受到他人的影响和压力。

最后，还有一种口头禅是"你应该""你必须"。这类人往往有强烈的领导欲望，希望能够掌控他人。他们会使用这种语言来指导别人的行为和思考，而且不太愿意听取别人的建议和意见。

此外，口头禅可以反映一个人的情绪状态。比如，一个经常说"烦死了"的人，可能正处于一种焦虑、烦躁的情绪中；而一个常说"太好了"的人，则可能充满了乐观和积极的情绪。这些口头禅成了他们情绪的一种直接表达方式，通过它们，我们可以感受到他们内心的情感波动。十大国人最爱口头禅中，郁闷、无聊、没意思之类表达负性情绪的词语占了一大半。很多人说，它反映了这样的社会现状：工作节奏太快，生活压力太大，年轻人疲于奔命，只好通过说这些口头禅发泄自己的情绪。

2. 口头禅也可以揭示一个人的性格特点，是解码性格的隐形标签

在日常交往中，我们常常会听到各种各样的口头禅，如"随便""不知道""好像""据说"等。这些看似无意的语言习惯，实际上却是我们性格特点的隐形标签。通过口头禅，我们可以窥探到一个人的内心世界和性格特点。

（1）口头禅可以反映一个人的自信程度

例如，喜欢说"随便""不知道"的人，往往不愿意承担责任，缺乏自信。他们可能害怕做出决定或表达观点，因此选择将选择权交给别人，以避免承担后果。这种口头禅背后隐藏着一种消极、被动的性格特点。相反，常说"看我的""没问题"的人则通常充满自信，乐于承担责任。他们对自己的能力和判断有着充分的信心，愿意主动接受挑战和承担责任。这种口头禅体现了他们的积极、主动和自信的性格特点。

（2）口头禅还可以揭示一个人的思维方式和决策风格

例如，喜欢说"好像""据说"的人，往往缺乏自信，不希望把话说死，留有余地。他们可能在做决策时犹豫不决，缺乏决断力。这种口头禅反映了他们的谨慎、保守和缺乏冒险精神的性格特点。

而常说"凭什么呀"的人，则往往看不惯与自己意愿相悖的事，并以此来鸣不平。这种口头禅表明他们具有强烈的正义感和原则性，不容易妥

协。同时，他们也可能过于固执己见，缺乏包容和理解他人的能力。

(3) 口头禅还可以反映一个人的安全感和人际关系

例如，常说"说真的""老实说""的确""不骗你"的人，往往不自信，内心缺乏安全感。他们可能非常在意别人对自己的看法和评价，因此一再强调事情的真实性，希望得到他人的认可和信赖。这种口头禅揭示了他们的敏感、急躁和不安全感。

而常说"可能是吧""或许是吧""大概是吧"的人，则往往自我防卫能力极强，不会轻易暴露内心的想法。他们为人处世冷静、客观，善于处理人际关系。这种口头禅体现了他们的稳重、成熟和善于社交的性格特点。

通过倾听和分析他人的口头禅，我们可以更好地了解他们的性格、思维方式和行为风格。同时，我们也应该注意自己的口头禅，它们可能会影响到我们与他人的交往和沟通。通过调整自己的口头禅，我们可以更好地表达自己，也可以更好地理解他人。

(4) 口头禅还可以反映一个人的价值观和生活态度

它是人内心对事物的一种看法，是外界的信息经过自己的心理加工形成的一种固定的语言反射模式。所以，我们可以根据对方的口头禅去了解对方的性格，从而去了解他的内心世界，使自己掌握交谈的主动权。比如，一个经常说"时间就是金钱"的人，可能非常注重效率和成果；而一个常说"家庭最重要"的人，则可能更加重视家庭和亲情的价值。这些口头禅成了他们价值观的一种直接体现，通过它们，我们可以了解到他们的生活态度和价值追求。

在职场内，经常与同事沟通，亦会听到某些同事的口头禅，一个人所讲的内容，正好反映出他们的状态，也可以理解到他们对工作的价值观。日常惯用的口头禅可以揭示个人的性格，以下内容可以参考一下，促进与同事间的认识，增进了解。

"说真的、老实说、的确，不骗你"：这种人有一种担心对方误解自己的心理，性格有些急躁，内心常有不平。中间还会令人对他所讲的内容，抱有怀疑和不信任。

"应该、必须、必定会"：此人自信心极强，显得很理智，为人冷静，自认为能够将对方说服，令对方相信。另一方面，"应该"说得过多的时候，反映了有"动摇"心理，长期担任领导职务的人，易有此类口头禅。

"听说、据说、听人说"：之所以用此类口头语，是给自己留有余地的心理而形成的。这种人的见识虽广，但决断力却不够。很多处世圆滑的人，易用此类口头禅，也是避免与人正面冲突的用语。

"可能是吧、或许是吧、大概是吧、差不多吧"：自我防卫本能强，不会将内心的想法完全暴露出来，在处事待人方面冷静。喜欢用这些词语也有以退为进的含义，事情一旦明朗，用这些词的人会说：我早就猜想到这一点。

"但是、不过"：有些任性，因此总是提出一个"但是"来为自己辩解。"但是"语是为保护自己而使用的。也反映了温和的特点，显得委婉，没有断然的意味。从事公共关系的人常有这类口头语。也因为它的委婉意味，不至令人有冷淡感。

"啊、呀、这个、嗯……嗯"：词汇少，或是思维慢，在说话时利用作为间歇的方法而形成的习惯。这种人，一般反应较迟钝；还有发此种口头儿语，则是因为怕说错话，需要有间歇来思考。

口头禅是人们心理宣泄的通道，积极的口头禅催人奋进，而有些口头禅则带有消极的意味。那么是不是这些听似消极的口头禅一定就是不好的呢？答案是否定的。现在人们流行把"郁闷"一词挂在嘴上，难道真的是事事郁闷、处处郁闷吗？其实这不过是因为现代人生活压力大，心态变化快，通过口头禅来倒倒苦水，让心里有一个舒缓、宣泄的通道，这样，反倒更有益于人们的心理健康。

总结来看，口头禅是倾听与表达的双重艺术，在日常交往中，它成了我们沟通的一部分，它们不仅仅是一种语言习惯，更是情感的载体和态度的体现。通过倾听他人的口头禅，我们能够深入了解他们的情感状态、态度和价值观，而注意和调整自己的口头禅则能帮助我们更有效地表达自我，同时也促进与他人的和谐沟通。

第 2 招　辨语言：话里话外的心灵密码

第五节　说话习惯

　　一个人的说话方式，常常是他的内心活动的无声写照。它像一面镜子，反映出他的性格特征、情感状态，乃至他对于外界事物的看法和态度。正如水滴能映出太阳的光辉，一个人的言辞也能映照出他的灵魂深处。

　　有时，人们可能会质疑，言辞是否能真实地反映一个人的内心？毕竟，生活中存在着"口是心非"的情况，谎言与伪装也并不罕见。然而，即便是在伪装与谎言之中，一个人的说话方式仍然会透露出他的真实面貌。因为言语的习惯、语气的起伏、用词的偏好，这些都是在不知不觉中形成的，它们如同指纹般独特，难以完全模仿或改变。

　　一个人是热情开朗还是内向沉默，是乐观向上还是消极悲观，往往都能通过他的说话方式得到体现。他的用词、语调、语速，甚至是一些不经意的口头禅，都可能成为解读他内心世界的线索。

　　也就是说，每个人都会在某一时刻把内心的秘密透露给别人，而这个时刻就是他说话的时候，因此，留意别人说话的方式，就是了解一个人内心世界的开始。相传，明朝开国皇帝朱元璋在还未发迹时，曾到一个寺庙里求签，希望和尚能为他指点迷津。老和尚看了他之后，慢条斯理地说："堂前燕，衔泥筑新巢，一朝飞去，不再回。"朱元璋听后，默然离开。多年后，他重返寺庙，已是一国之君。他再次找到老和尚，谈及当年求签一事。老和尚却微微一笑，说："非贫僧能掐会算，实乃观陛下之言谈举止，知陛下必非凡人。"这个故事告诉我们，一个人的言谈举止，往往能反映出他的内心世界和未来的命运。

　　这个故事强调了说话习惯的重要性，它们不仅反映了一个人的性格、修养和内心世界，更可能预示着一个人的未来。因此，我们应该注意自己的言谈举止，让自己的语言成为展示自我、传递正能量的有力工具。

1. 夸夸其谈

说话夸夸其谈的人，其性格往往有些粗枝大叶，不太注意细节方面的问题，对小事情不太上心，论述问题时，不够细致和深入。不过，这种人一般都有些阅历，眼界比较广阔，大局观相对较好，也不缺少一些很富有启发性的创见。所以，这种人适合当辅助性角色，出出主意，难以独当一面，比如，三国时期的马谡，在做谋士时尚能夸夸其谈，甚至深得诸葛亮器重，可一旦独当一面，就暴露出了致命的问题。

比较健谈的人善于跟他人讲大道理，显示自己的聪明。这种人往往能说会道，思维比较敏捷，反应速度非常快，随机应变能力也很强。

另外，这一类型的人比较圆滑世故，处理各种问题相当老练，他们在绝大多数时候会很招他人喜欢，很多人乐意与这种人交朋友，所以他们的人际关系会很不错。

2. 言辞锋利

在与人谈话中，喜欢争论和辩论的人往往好胜心特别强。

不过，这种类型的人大多属于开放型的，他们有摒弃旧观念和旧思想的勇气和胆量，对新事物和新信息的接受能力都比较强，有竞争和攻击性心理。由于自己的自大甚至自负，往往在不经意间成为别人眼中的"自大狂"。这种人一般攻击性较强，而且反应比较敏锐，容易发现和抓住对方的弱点，予以凌厉的攻击，让对方哑口无言。这种人对问题往往看得比较透彻，用一针见血来形容非常适合，不过，有时难免显得尖刻，对处理人际关系很不利。

另一方面，这种人因为将重心放在寻找、攻击对方的弱点上，所以，也有可能忽略从整体、长远上把握住事情的关键，有时还会舍本逐末，陷入自负、偏执中无法自拔。所以，在识别这类人时，主要看他在"大事不糊涂"上能做到几成火候，如果大事上从不含糊，那么即便言辞刻薄点，也不是不能接受的。

3. 泛泛而谈

这种人在说话时，好像什么都懂一些，显出极宽的知识面和丰富的知识储备，任何一个话题，他都能掺和几句，甚至能指点一二，不过，要让他再往深里说，那就是强人所难了。

说话泛泛而谈的人，最大的缺点是脑子里有东西，但系统性差，思想性和深度也远远不够，很难一下子就把话说到点子上。

4. 平缓宽恕

说话方式以平缓宽恕为主的人，大多气量宏大，气质优雅，在做人上也比较能包容。

相对而言，他们比较保守、封闭。接受新鲜事物和新观点的速度比较慢，没有很强的竞争性和攻击性。但是，这类人性情比较温和，喜欢平平淡淡的生活和工作，不太热衷于追求名利。因此，他们的人际关系往往很好。这类人的缺点是反应不够敏捷和果断，应变不快，属于慎言慎行、三思而后行的性格，这种人的性格中如果能多点果敢之气，那整个人的魅力就会提升一大截，很容易产生一种长者风范，给人以谦谦君子的感觉。

5. 华而不实

有些人口若悬河，一开口就能给人留下深刻印象，还容易让人产生知识渊博、表达力强的感觉。不过，这种人也有可能是华而不实的，就是说得很漂亮，但落实到行动上却是大打折扣，让人失望。这种说话华而不实的人，大多具有较强的表演才能，容易变得功利与浮躁，其实稍微用点心，就并不难看出来。

根据心理学的研究，华而不实的说话方式可能与个人的自尊心和社交动机有关。有些人可能希望通过夸张的言辞和华丽的表达来展示自己的能力和魅力，从而赢得他人的认可和尊重。他们可能认为，通过言语的力量可以掩盖自己在其他方面的不足，或者通过给他人留下深刻印象来获得更多的机会和资源。

华而不实的人，他们的话语常常过于夸张、空洞，缺乏实质性的内容。他们可能擅长用华丽的辞藻来掩盖真相，或者故意制造一种高深的假象来迷惑他人。他们可能具有很强的表演才能，擅长用言辞来取悦他人，但却往往缺乏真正的行动和实践。与这些人交往，我们需要保持警惕，不要被他们华丽的外表和动听的话语所迷惑，要深入观察他们的行为和态度。他们的行动是否与他们的言辞相符？他们是否能够在关键时刻承担责任并付诸实践？这些都是判断一个人是否华而不实的重要标准。同时，我们也要学会辨别华而不实的言辞。当我们遇到那些言辞华丽但缺乏实质性内容的人时，不要轻易被其所迷惑。我们要保持清醒的头脑，理性地分析他们的话语，看看其中是否有真正的价值和意义。

当然，这并不是说所有言辞华丽的人都是华而不实的。有些人可能确实拥有广博的知识和出色的表达能力，他们的言辞能够给人带来启发和灵感。我们需要根据具体情况来判断一个人是否华而不实，而不是一概而论。因此，在人际交往中，我们应该警惕华而不实的说话方式。我们要学会辨别他人的言辞是否真实可信，并关注他们的行动和态度。同时，我们也要反思自己的说话方式是否过于华而不实，是否给他人带来了真正的价值和意义。

6. 好为人师

纯粹喜欢时不时地纠正别人错误的人，大多属于自信的人。这类人做事比较主动，性格很直率，往往容易忽略别人的感受，不知不觉中容易得罪他人。在谈话中他们经常会打断别人而变成自我发挥，这样难免会伤害到他人，所以，这类人的人际关系从某种程度上来说并不是很好。

而那些不喜欢给别人纠错的人在别人说话的时候，很少打断对方，即使发现对方有错误，也会等到谈话结束之后才指出来。这类人能够站在他人的立场上考虑问题，并能给予他人足够的尊重，所以很容易获得别人的认可和好感。

7. 善于倾听

在人际沟通中，有一种人如同静水深流的岛屿，他们不常常涌现于话语的波涛中，却以其独特的姿态吸引着周围的目光。他们就是那些善于倾听的人。

心理学研究表明，善于倾听是一种极为宝贵的品质。它不仅仅是简单的沉默或忍耐，更是一种深度参与和理解的表达。善于倾听的人，他们的内心往往蕴含着独特的思想和缜密的思维，他们懂得如何通过细致的观察和深入的思考来理解他人。这种人在谈话中往往表现得谦虚有礼，他们不会打断别人的发言，也不会急于表达自己的观点。他们耐心地倾听，用心去理解，给予对方足够的尊重和空间。他们的性情温和，不会因为一时的冲动或情绪而做出过激的反应。

虽然起初，他们可能并不引人注目，甚至可能被忽视。但随着时间的推移，他们的价值会逐渐显现。他们虚心好学，总是保持着对知识的渴望和对世界的好奇。他们善于思考，能够从不同的角度和层面去看待问题，得出独到的见解，最终会赢得他人的尊重和信赖。他们的话语虽然不多，但每一句都充满了智慧和深度。他们是值得信任的人，因为他们懂得倾听，懂得理解，更懂得尊重。

8. 奇思妙语

这种类型的人说话时夹带奇思妙语是其一大特点，有的时候甚至会在谈话中运用妙语反诘，每当形势对自己不利的时候，他们就会抓住各种机会反击。更难得的是，这种人不仅会说，而且也会听。他们大多比较聪明和智慧，具有一定的幽默感，比较风趣，而且随机应变的能力很强，常常会给他人带来欢声笑语，很招他人的喜欢。这种说话非常幽默的人，一般感觉比较灵敏，心胸比较宽广，他们做事灵活，不因循守旧。他们性格活泼，思想圆滑灵通，周围的朋友都喜欢和他们交往，愿意交他们这样的朋友。

另外，这种说话幽默的人，经常会在谈话中说一些滑稽搞笑的话来活跃气氛，待人大多比较亲切和热情，而且富有同情心，能够顾及他人的感受。他们很善于自嘲，认为自嘲是谈话的最高境界，多有比较豁达乐观、超脱调侃的心态和胸怀。

9. 沉默寡言

沉默寡言的人，他们或许在人群中并不显眼，但他们的存在却不容忽视。他们可能性格内向，不太善于表达自己的情感和想法，但这并不意味着他们缺乏思考。相反，他们可能更加深思熟虑，善于倾听，善于从别人的谈话中汲取智慧和灵感。这种类型的员工，他们或许缺乏自信，不敢轻易发表自己的观点，但他们也在努力寻找自己的声音。他们可能更加珍惜与他人的交流机会，希望从别人的经验和见解中汲取营养，以便完善自己，提升自己。

当然，沉默寡言并不代表消极被动。有些沉默寡言的人，他们其实内心充满了热情和智慧，只是不善于表达出来。他们可能在关键时刻，用简洁而深刻的话语，给人带来意想不到的启示和震撼。因此，在与沉默寡言的人交流时，我们需要更加耐心和细心。不要轻易忽视他们的存在，也不要强迫他们发表意见。相反，我们应该尊重他们的个性和习惯，给予他们足够的空间和时间，让他们在自己的节奏中逐渐展现自己的魅力。

10. 有理有据

这种说话方式的人，大多是非常优秀的外交型人才。他们自信，主观意识强，有很强的逻辑思维能力，他们通过自己独特的洞察力，往往能够非常清楚地了解他人，然后调整自己谈话的策略，使自己占据主动地位，使对方在不知不觉间完全顺从了自己的思路。

因此，不可忽视对说话习惯的观察。它就像是一把钥匙，能够打开通往他人内心世界的大门。通过细心聆听、敏锐观察，我们能够更加准确地理解他人，进而更好地与人相处、沟通与合作。

第 2 招 辨语言：话里话外的心灵密码

第六节 语速

语速，即一个人说话的快慢节奏，它与一个人的性格有着密切的联系。语速快的人，往往思维敏捷，行动力强，他们可能富有激情，善于表达，但也可能因为过于急躁而缺乏深思熟虑。相反，语速慢的人，可能更加稳重、沉着，他们可能拥有深思熟虑的性格，善于倾听和观察，但也可能因为过于谨慎而错失良机。

当然，语速受到个人习惯、文化背景、情境等多种因素的影响，因此在解读一个人的语速时，我们需要结合具体情境和其他线索进行综合分析。但无论如何，通过细心观察和深入分析一个人的语速，我们可以窥见他们内心世界的一角。这种能力不仅可以帮助我们更好地理解他人，增进彼此之间的沟通和信任，还可以帮助我们在人际交往中更加游刃有余，应对各种复杂情况。

语言、交谈是最常见的活动。通过"察其言"可以辨别一个人的性格、情绪。语言由主语言和副语言组成。你讲了什么，表达了什么，这是主语言。副语言包含语调、语速、声音、语气等方面。有时，我们渴望了解他人内心的真实想法和感受，却往往感到无从下手。然而，仔细观察和分析一个人的语速时，我们或许能够揭开这片迷雾的一角，窥见他们内心世界的部分真相。

1. 语速快而逻辑性不强

他们一向很健谈，向你表达他的观点时不给你喘息的机会。他们自我意识较强、思维敏捷。他们善于语言上的进攻，在谈话中更容易抓住主动权。由于这类人先天的表达能力强，往往他们联想、跳跃程度更大。生活中语速快的人也有较大的区别，语速快、论点多，但论点不深刻、不能领会你的意思，感觉你们谈论的不是同一个话题。他们往往喜欢举出许多同规律的事物来使你认同他的观点，走的是观点的普遍性路线，但思想的高度却还没达到。

这一类人往往更加自信、更喜欢抓住事物的主动权，渴望存在感。

2. 语速慢而富有节奏感

他们嘴巴可能不太会说，但很有想法。简约而不简单。你的每一次提问不会立刻得到回答，他们往往会慎重考虑一下，用慢而稳重的语速来回答你。简洁清楚，不说废话。

这一类人，生活中有主见、不冲动、不盲目。在重大问题决策上面会仔细斟酌，比较稳妥。

3. 快慢的转换

一个沉默寡言的人突然喋喋不休，这是撒谎的典型操作。

内心紧张、不安，说话会不自主加快语速，企图赶快结束这个话题。对话题有着浓厚兴趣，也会加快语速，生怕自己遗漏了刚刚想到的东西。反之，通常来说，如果不满对方或心怀敌意时，说话速度会放慢。他们想通过放慢速度来强调自己的观点、看法。

4. 语速快而声音大，语调明亮

这是性格外向的表现，他希望"你能充分理解我的观点"，他们直爽，真诚热情，善于表达，重视人际关系。如果你和他聊得投机，他们的声音会更大，更自信。

5. 语速慢而声音小，刻意掩饰

最常见的就是缺乏自信，而有的人则是因为内向的天性使然。他们的声音低沉，说话更谨慎，个性更温柔，锋芒毕露不是他们的爱好，被迫成为焦点时会显得不自在。

第2招 辨语言：话里话外的心灵密码

让我们来看一个例子。假设你在一个聚会上遇到了一位新朋友，他向你介绍自己时语速飞快，几乎不给人留下插话的机会，显得非常兴奋和激动，似乎对一切都充满了好奇和热情。从这些信息中，你可以初步推断出这位新朋友可能是一个性格开朗、充满活力的人，他可能很容易与人相处，并且对生活充满乐观的态度。

然而，如果你在与这位新朋友的进一步交流中，发现他的语速突然变慢，声音也变得低沉和犹豫。这时，你可能需要更加细心地观察和分析。他的这种变化可能意味着他正在经历一些内心的挣扎或困惑，可能有一些不为人知的烦恼或担忧。这时，作为一个善于倾听的人，你可以试着给予他一些支持和鼓励，让他感到被理解和关心。

再举一个例子，假设你在工作中遇到了一位同事，他平时说话语速平稳，不急不躁，给人一种稳重和可靠的感觉。然而，有一次在讨论一个重要项目时，他的语速突然加快，语气也变得坚定和果断。这种变化可能意味着他对这个项目非常重视，有着强烈的责任感和使命感。他可能是一个值得信赖的合作伙伴，能够在关键时刻展现出自己的能力和担当。

通过这两个例子，我们可以看到，语速是揭示一个人内心世界的重要线索。当然，这些线索并不是绝对的，每个人的语速都可能受到多种因素的影响。因此，在解读一个人的语速时，我们需要结合具体情境和其他线索进行综合分析。

如果你对于这个能力还没有直观感受，不妨去看一看奥普拉·温弗瑞的语言魅力。奥普拉·温弗瑞，美国著名的脱口秀主持人、女演员和慈善家，以其独特的语言风格在媒体界赢得了广泛的赞誉和尊重。她的语速适中而稳定，语气亲切而富有感染力，使得她的节目深受观众喜爱。她的故事告诉我们，语速和语气在人际交往中的重要性不容忽视，它们是我们建立信任、传递情感和展示魅力的有力工具。

在人际交往中，我们不仅要学会观察和解读他人的语速，更要懂得如何修炼和调整自己的语速，以更好地与他人沟通、建立信任和展示自我。

第七节　声调

在与人交往中,你是否曾感到过迷茫,试图从对方的笑容、举止或是言辞中寻找其内心的真实面貌?有时,这些明显的信号似乎都在掩盖着什么,让你难以捉摸对方的真实想法。然而,有一种无形的线索,往往比任何表面现象更能揭示一个人的内心世界——那就是声调。

是的,你没有看错。声调,这个看似微不足道的元素,在无声无息间透露着一个人的性格特质。当面部表情、肢体动作,甚至言辞用语都成为伪装,是声调让我们得以窥见那隐藏在深处的真实。

想象一下,在一个寂静的夜晚,你接到一个电话。电话那头的声音低沉而稳重,每一个音调都透露出一种自信和从容。而另一个声音则尖细而急促,仿佛每一句话都在急切地想要证明什么。这两个声音,哪一个更让你信任?哪一个又让你感到不安?这就是声调的魔力所在。它不仅仅是一种声音的起伏变化,更是一种心灵的映射、一种情感的流露。在本节里,我们将一起探索这个神秘而有趣的领域,看看如何通过声调来解读一个人的内心世界,如何在人际交往的棋局中抢占先机。

1. 高亢尖锐的声音

发出这种声音的女性情绪起伏不定,对人的好恶感也极为明显,一般是情绪失控、愤怒的表现。这种人一旦执着于某一件事时往往顾不得其他,喜怒皆形于色,会因为一点小事而伤感情或勃然大怒。这种人会轻易说出与过去完全矛盾的话,且并不引以为戒。

男性中发出高亢尖锐声音者,个性狂热,容易兴奋也容易疲倦,这种人容易对女性贸然表白自己的心意,往往会令对方大吃一惊。这类男性胆子大，敢于冒险，勇于尝试，做事成功概率较大。不足之处是常常出尔反尔，信誉度不高。

2. 温和沉稳的声音

音质柔和声调低的女性属于内向性格，她们随时顾及周遭的情况而压抑自己的感情，同时也渴望表达自己的观念。因而应尽量让其抒发感情。这种人具有同情心，不会坐视受困者于不顾，属于慢条斯理型。

男性带有温和沉稳声音的乍看上去显得老实，其实有其顽固的一面，他们往往固执己见决不妥协，做事按部就班，有条有理，不会讨好别人，也绝不受他人意见所影响。

3. 沙哑的声音

发出沙哑声音的女性通常比较具有个性，即使外表显得柔弱也具有强烈的性格。虽然她们对待任何人都亲切有礼，却令人难以捉摸。她们虽然可能容易与同性意见不合，甚至受到排挤，却也容易获得异性的欢迎。她们衣品极佳，也往往具有音乐、绘画的才能。面对这种类型的人，必须注意不要强迫她认同自己的观念。

带有沙哑声音的男性，往往耐力十足又富有行动力，即使一般人裹足不前的事，他也会铆足劲向前冲。缺点是容易自以为是，而对一些看似不重要的事掉以轻心。

4. 粗而沉的声音

这类人做事沉着、稳重、谨小慎微，浑身散发着成熟的魅力。他们注重现实，应变能力和协调能力出众。女性有这种声音者同性人缘较好，容易受到众人的信赖，成为大家讨教的对象，这种人是很好相处的。

有这种声音的男性通常会开拓政治家或实业家的生涯，其富有强烈正义感，不过情感脆弱，争吵过后常常懊悔不已。这种人还容易比较干脆地购买高价商品。

5. 黏腻的声音

声音黏腻的女性，通常是极端渴望受到众人喜爱的。这种人往往心浮气躁。有时由于过多希望博得他人好感反而招人厌恶。发出这样声音的男性，多半是独生子或是在百般呵护下长大的。这种人独处时常感到非常寂寞，必须自己下决断时会感到迷茫而不知所措。他们对待女性非常含蓄，绝不会主动发起攻势，和女性一对一谈话时，会特别紧张，显得尤为优柔寡断。

从声音的特点到性格的描绘，我们不难发现声音与人的内心世界有着千丝万缕的联系。我们形容女子的声音好听时，往往会用到"声若幽谷，婉转悠扬"这样的话语，这不仅仅是对声音的赞美，更是对女子温婉、内敛性格的一种隐喻。

关于声音与性格的关系，心理学提供了一些有趣的观点。例如，说话语气抑扬顿挫、像唱歌一样的人，通常被认为是幻想家，他们注重浪漫和情调；语气很冲、声音很大的人，则可能既固执又任性；声音低沉、从牙缝深处发声的人，通常对事物持有怀疑态度；语势和音色不规则的人，则可能性格轻率。

总的来说，声音与一个人的性格有着密切的关系。通过仔细聆听和分析一个人的声音特点，我们可以窥见其内心的世界。通过改变自己的声音特点来调整自己的心态和行为方式，或许能够帮助我们更好地与他人交往和沟通。

综上可知，声调为言语赋予了节奏和韵律。它不仅仅是声音的起伏变化，更是情感、态度和性格的映射。

第八节　语气

"观其言而察其行，闻其声而知其人。"我们常说，闻声如见人。一个人的语气，往往能透露出他的内心世界。有的人声音洪亮，充满自信；有的人则轻声细语，显得内敛而深沉。这些不同的语气，正是他们性格的缩影。

在人际交往中，我们往往能通过一个人的语气来读懂他的性格。那些总是以温和、谦逊的语气与人交流的人，往往性格稳重；而那些语气傲慢、咄咄逼人的人，则可能性格急躁。当然，也有的人善于伪装自己的语气，以此来掩饰自己的真实性格。但只要我们细心观察，总能从细微之处发现他们的破绽。

1. 语气尖酸刻薄

"良言一句三冬暖，恶语伤人六月寒。"语气对于人际交往的重要性不言而喻。每个人的语气都如同他们的指纹，独一无二，其中蕴含着他们性格的奥秘和内心的情感。尤其是那些说话尖酸刻薄的人，他们的语气如同一把锐利的刀，既伤害了他人，也反映了自身性格的瑕疵。

那些说话尖酸刻薄的人，性格大多非常挑剔。他们如同生活中的审判者，对人对事总是带着批判的目光。在他们的世界里，似乎很少有值得称道的事物，因为他们总是用挑剔的眼光去看待周围的一切。这种性格特质往往源于他们内心的不安全感和自卑感，他们试图通过贬低他人来提升自己的优越感。

此外，尖酸刻薄的人往往嫉妒心较强。他们无法欣然接受他人的成功和幸福，总是用尖酸的话语来刺伤那些比自己过得好的人。这种嫉妒心理不仅让他们失去了与人为善的机会，也让他们在人际交往中树敌众多。他们常常在背后说人坏话，甚至制造谣言来中伤他人，这种行为让他们的人缘越来越差。尊重是相互的，一个人如果不懂得尊重他人，那么他也很难得到他人的尊重。尖酸刻薄的人往往因为他们的语气和行为而遭到他人的反感。他们的朋友会越来越少，因为没有人愿意与一个总是带着负面情绪的人交往。

人们往往都喜欢选择那些语气温和、待人友善的人作为朋友，因为他们的性格更加健康、积极，能够给我们带来更多的正能量。同时，我们也要反思自己的语气。如果我们发现自己的语气有时也显得尖酸刻薄，那么就需要自我修炼，及时调整了。我们应该学会用更加温和、包容的语气与人交流，尊重他人的感受和想法。这样不仅能够改善我们的人际关系，也能够让我们的内心更加平静、和谐。

2. 语气温和沉稳

语气温和沉稳的人，如同深秋的湖面，平静而深邃。他们的声音，如同涓涓细流，不急不躁，给人以安定与信任。这种语气背后，往往隐藏着他们内向而沉稳的性格特质。这类人，在生活中往往表现得从容不迫。他们做事有条不紊，不急于求成，而是稳扎稳打，步步为营。他们有着强烈的责任心和耐心，对于设定的目标，会持之以恒地努力追求，不达目的誓不罢休。这种坚韧与毅力，正是他们性格中的闪光之处。

他们对问题的思考往往比较深刻，不满足于表面的答案，而是渴望探寻事物的本质与真相。这种对知识的渴求与对真理的追求，使得他们在面对问题时能够保持清醒的头脑和敏锐的判断力。同时，他们也是极具原则性的人。他们坚守自己的信仰和价值观，不会轻易妥协或改变。这种坚定，使得他们在人际交往中显得尤为可靠和值得信赖。他们虽然属于慢热型的人，可一旦与人建立起深厚的友谊，便会全心全意地对待朋友，因此身边的朋友也很多。

然而，这种性格也有不足之处。他们过于谨慎和稳重，有时可能会显得优柔寡断，缺乏自信。在面对重大决策时，他们往往需要他人的鼓励和支持，才能下定决心并付诸行动。因此，一个坚强而果断的伙伴，对于他们来说尤为重要。总的来说，语气温和沉稳的人，性格稳重、大方，是值得尊重和信赖的人。他们虽然有时显得过于谨慎，但正是这种谨慎，使得他们在面对生活中的挑战时能够保持清醒和坚定。如果我们身边有这样的人，不妨多给予他们一些支持和鼓励，帮助他们更好地发挥自己的优势，实现自己的目标。

3. 语气刚毅坚强

那些语气刚毅坚强的人，他们的言辞中透露出一种不屈不挠的精神，让人感受到他们强烈的正义感和原则性。这类人，在生活中往往光明磊落，是非善恶分明。他们坚守自己的信仰和价值观，对于不公正的事情，敢于挺身而出，维护正义。这种坚定的立场和正义感，使得他们从人群中脱颖而出，赢得了大多数人的拥护和尊重。刚毅坚强的语气背后，也隐藏着他们性格中的一些特点。他们通常性格耿直，对待感情非常内敛。有时候，这种耿直可能会让他们显得过于直接，甚至有时会显得有些古板。他们对自己的要求非常高，无论在什么情况下，都会努力保持自己的原则和标准。这种高标准、严要求的态度，往往使得他们能够取得不俗的成就。

但是，这种性格也有其不足之处。由于他们过于注重原则和纪律，有时可能会显得过于刻板，缺乏一定的灵活性。在对待他人的错误时，他们往往缺乏足够的容忍度，容易因为一些小事而与人产生误会和冲突。这种性格特点，有时会让他们陷入孤立无援的境地，甚至引起他人的厌恶和憎恨。因此，学会在坚持原则的同时，保持一定的灵活性和包容心是非常重要的。在与人交往的过程中，他们应该学会换位思考，理解他人的立场和感受，避免因为自己的固执而伤害到他人。同时，他们也应该学会控制自己的情绪，避免因为一时的冲动而做出错误的决定。总之，语气刚毅坚强的人，虽然性格中有其独特之处，但也需要不断地完善自己，以更好地适应社会的需求和人际关系的复杂性，只有这样，他们才能在生活中走得更远，赢得更多人的尊重和喜爱。

4. 语气圆润温和

语气圆润温和的人，他们的言辞中充满了友善与热情，给人一种亲切而舒适的感觉。

这类人，性格往往非常外向，为人豁达、心地善良。他们待人热情，总是愿意伸出援手去帮助那些需要帮助的人。这种积极向上的态度，使得他们很容易与身边的人建立起友好的和谐关系。同时，他们大多具有同情心和包容心，能够设身处地理解他人的感受，对待他人的错误和过失也能宽容和谅解。这种包容与理解，使得他们在人际交往中能够赢得他人的尊重与喜爱。

语气圆润温和的人，往往具备很强的沟通能力和人际交往技巧。他们能够用温和的语气化解矛盾，用圆润的言辞增进彼此的了解与信任。这种八面玲珑的处事方式，使得他们在处理各种复杂问题时能够游刃有余、得心应手。然而，值得注意的是，虽然语气圆润温和是一种优点，但过度的圆润也可能导致他们在面对原则性问题时缺乏坚定的立场。因此，在保持温和的同时，要坚守自己的原则。

总的来说，他们的性格与处事方式都体现了友善、热情与包容的品质。这些品质使得他们在人际交往中能够赢得他人的尊重与喜爱，成为人们值得信赖与依靠的朋友。

5. 语气浮躁

语气浮躁的人，其言辞之中透露出的急躁、不耐烦和冲动，无疑成了他们性格的一个缩影。

这类人，性格往往比较急躁，缺乏耐心。他们说话不喜欢拖泥带水，喜欢直截了当，快速表达自己的想法。然而，这种直率的表达方式有时却忽略了身边人的感受。他们容易因为一件小事而愤怒暴躁，给人留下冲动易怒的印象。由于缺乏耐心，他们在面对失败与挫折时，往往容易选择逃避，而不是勇敢面对。这种逃避的态度，使得他们在困难面前显得脆弱，难以坚持到底。此外，由于说话太过耿直，有时缺乏圆滑和委婉，容易得罪人。身边的人可能会因为他们的直率而感到受伤，从而选择远离他们。

这种性格特点，无疑给他们的社交关系带来了一定的困扰。

然而，尽管语气浮躁的人存在诸多缺点，但他们的优点也不容忽视。正是因为这种性格，他们做事往往非常注重效率，能够迅速抓住问题的关键，快速做出决策。在需要迅速应对的场合，他们的这种性格往往能够发挥出积极的作用。对于语气浮躁的人来说，学会控制自己的情绪，培养耐心和保持冷静是非常重要的。同时，他们也应该学会在表达自己的想法时，多考虑身边人的感受，避免因为直率而伤害到他人。只有这样，他们才能更好地发挥自己的优点，克服缺点，赢得更多人的尊重与喜爱。

6. 说话语调多变的人

你还记得《红楼梦》中对王熙凤初次登场的描写吗？在整个谈话中，王熙凤的声音是多变的。她根据当时的情况调整了自己的声音，真是恰到好处。这种属于特别善于表达的人，她知道如何观察表情，知道对谁说什么，善于把握人际关系，如果再加上才干出色，是人群中难得的人际关系高手。

那些说话语调多变的人，他们的言辞之中仿佛蕴含了千般情感、万般变化，让人不禁想要深入探究其背后的性格特质。他们往往具备很高的情商和社交技巧，懂得如何根据场合和对象调整自己的说话方式，用恰到好处的语调来表达自己的意思。这种能力使得他们在人际交往中如鱼得水，能够轻松地与各种人建立起良好的关系。

同时，这类人通常具有很强的洞察力。他们能够敏锐地捕捉到对方的情绪变化和言外之意，从而做出恰当的回应。这种对人际关系的敏感度和成熟度，使得他们在处理复杂的人际关系时能够游刃有余。

然而，值得注意的是，说话语调多变并不一定意味着这个人就是完美的。有时，过于多变的语调也可能让人感到不够真诚或缺乏稳定性。因此，在欣赏他们的人际交往能力的同时，我们也需要关注到这一性格特点可能带来的负面影响。

7. 说话唉声叹气

在日常交往中，我们常常会听到有些人说话时唉声叹气，这种行为背后往往隐藏着他们的性格特质和情绪状态。喜欢说话叹气的人，其性格往往偏向消极，内心充满了压抑与未释放的情感。

这类人常常因为生活中的种种不如意而感到心情沉重，他们心中积聚了太多的压力，却又找不到合适的出口来释放。于是，唉声叹气成了他们缓解压力的一种方式，希望通过这种呻吟来减轻内心的负担。

同时，唉声叹气也是一种寻求同情与理解的信号。他们在向外界传达自己的痛苦，希望得到他人的关心与帮助。然而，长期沉浸在消极情绪中，不仅会影响身心健康，还可能让他们逐渐失去对生活的热情与信心。

要改变这种说话方式，首先需要意识到生活中的压力，并学会调整自己的思维方式。积极面对问题，寻找解决问题的方法，而不是一味地沉浸在消极情绪中。此外，找到情绪的出口也至关重要，可以通过运动、冥想、与朋友交流等方式来释放内心的压力。当我们学会改变思维方式，找到情绪的出口时，我们的语气也会随之发生变化。我们的言辞将变得更加积极、乐观，充满力量与信心。这样的变化不仅会影响我们自己的心情，也会感染到身边的人，让他们感受到我们的正能量与积极态度。唉声叹气虽然是一种情绪宣泄的方式，但长期如此并不利于我们的身心健康。我们应该学会调整自己的心态，积极面对生活中的挑战与困难，用更加积极、乐观的语气来传达自己的思想与情感。

每个人说话的语气都在折射自己内心的世界，同时，我们也要认识到，语气并非一成不变的。通过改变自己的语气，我们也可以调整自己的心态和行为方式。当我们以积极、乐观的语气与人交流时，我们的心情也会变得更加愉悦和舒畅；而当我们以消极、沮丧的语气说话时，我们的情绪也会受到影响，变得低落和沮丧。因此，我们应该学会控制自己的语气，让它成为我们展现自己的有力武器。同时，我们也要学会从他人的语气中读取信息，了解他们的性格和情绪状态，更好地与他们相处和交流。

第九节 话题

人际沟通，选择话题十分重要，话题大部分情况下，都不是胡乱选择，而是一个人内心活动的间接反映，也能体现出一个人的性格。所以，当你与对方沟通时，关注一下对方所选择的话题并加以适当的分析，那么，即使对方并没有直接说出自己的真实想法，也会暴露出他的性格特征。

在人际沟通的广阔天地中，选择话题犹如选择一条通往心灵的路径，它不仅是沟通的起点，更是窥探对方性格与内心的窗口。一个人所选择的话题，往往不经意间透露出其内心的风景与情感的色彩。

观察一个人言谈间热衷的话题，就像是在读一本没有封面的书，虽未直抒胸臆，却字里行间流露出性格的轮廓。若某人钟爱谈论历史典故，或许他内心深藏着对传统文化的热爱与尊重，性格中透露出沉稳与深思；而常谈及时事政治者，可能具备敏锐的观察力和强烈的社会责任感，性格中不乏果断与正义。如鲁迅，他的笔下常触及社会底层人民的苦难，话题深沉而富有力量，这反映出他忧国忧民的情怀和坚韧不屈的性格。又如钱钟书，他的言谈多涉及文学与哲学，话题中透露出对智慧的追求和对生活的深刻洞察。

那么从话题如何看出对方是一个怎样的人呢？

1. 习惯以自己为话题

有些人，不管是在什么样的沟通场合，总喜欢谈论与自己有关的事情，习惯以自己为话题。比如，自己的个性、爱好、对人对物的看法等。人际沟通中，这样的人，主观自我意识往往很强，多少都有点儿虚荣心和表现欲，渴望自己能够成为他人关注的焦点。此外，他们性格大多比较外向，但没有什么城府，比较忠厚，感情色彩鲜明而强烈，很难藏得住。

2. 不喜欢谈论自己

与那些喜欢以自己为话题的人相反，有些人非常注意保护自己的相关信息，即使是一些可以公开的个人话题，他们也不愿涉及。通常来说，这种行为倾向主要是源于三种心理：一是性格内向，主观意识不强；二是内心自卑，对社交多少有些恐惧；三是城府很深，藏而不露。

3. 以他人为话题

人际交往，假如对方将第三者作为和你交谈的话题，对第三者的各个方面都滔滔不绝地加以评论（当然，这个第三者往往是你和对方都很熟悉的人），那么，对方多半是有某种企图。这类人往往具有较强的支配欲，内心比较空虚，缺乏知心朋友。此时你应该好好地想一想："他不停地说起第三者到底是什么意思？"并且最好把话题岔开，千万不要随意附和他或者加以评论，一旦你这样做了，就可能会陷入对方的圈套之中。当然，不排除有的人就是喜欢八卦他人，但即便如此，把话题岔开仍然是你最好的选择，否则，就很有可能为自己带来人际方面的纠纷。

4. 将金钱视为禁忌话题

这类人大多对金钱很敏感，而这种敏感往往来自金钱上的自卑或者不安全感。一般来说，如果他是个有钱人，那么他的精神往往比较空虚，正在遭受着某种精神煎熬，害怕别人从他的手里夺走财产；如果对方是个没什么钱或者比较穷的人，那么"如何获得金钱"大概是他人生的一大主题。总的来说，这类人之所以对金钱避而不谈，并非因为他们不把金钱当回事儿，而是他们太看重金钱了，太现实，认为金钱至上，有物质崇拜的倾向。

5. 爱发牢骚

人际沟通中，无论说到什么话题都喜欢发牢骚的人，大多是完美主义者。他们的自信心很强，同时，他们对人对事也力求完美。自己没有达到预定目标就埋怨自己，别人做得不好，自然也不会放过。对他们来说，世间总有那么多不尽如人意的事，牢骚自然就很多。

6. 习惯赞美对方

在社交场合，你一定碰到过在沟通中不停赞美你的人，赞美你的个性、爱好、品味、职业、家庭等。尽管你明知道他的赞美也许并不那么真心，但是你仍然很受用。一般来说，这类人比较有心计，在赞美你的同时，很可能在心里盘算着如何达到自己的目的，他们多半有事请你帮忙。因此，你要保持清醒的头脑，千万不要被他的赞美迷了心窍。

7. 突然转移话题

在谈话中突然转移话题，一般有两种情况：第一，对方突然将话题转移，并提出你难以接受的、非常苛刻的条件。这种情况，要么是你引起了对方的反感，对方有意刁难，要么是对方在试探你的诚意。第二，对方突然将话题岔到毫不相干的话题上。这种情况，多是因为对方对你们正在谈论的话题根本不感兴趣，所以将话题岔开。这类人往往支配欲和自我表现欲强，对他人不够尊重。

无论是初次见面还是相识已久的人，聚在一起的时候难免会闲聊几句。通过几句闲聊，只要细心观察，我们往往能发现一个人的关注点和嗜好。

当一个人心中有热衷的事时，与这些事相关的内容就会自然而然地出现在话题中。举个例子：如果一个人心思放在工作上，非常专注地投入工作，那么他的话题就会很自然地提到工作，面对这样的人，不需要运用很高深的心理分析来解读，因为面对如此单纯的一个人，你就没有必要再自寻烦恼了，还是简单点儿好。

但是并不是所有人都像这样，有的人不会把自己真正关心的话题摆出来，特别是内心有着很隐晦的自卑感或有着某种不便人知的欲求不满的人，会因内心的压抑而选择以不相干的话题来迂回曲折地表达自己。

因此，通过一个人喜好谈论的话题来了解一个人深层次的心理与性格，可以大体从两个方向去入手：

一、从谈话的题材去分析；

二、从一个人话题展开的方式来探索。

这两方面，常常需要联合运用来帮助判断。

刚开始时，我们需要从闲谈的题材来透视对方内心深层的焦点。闲聊的题材往往是因人而异的，因此最容易切入的就是这份题材与谈话者的关系，我们可以借此来了解这个人的性格特质。

第 3 招

识动作:

行为背后的真实意图

动作，构成身体语言。我们的身体无时无刻不在运动，从而产生多种多样的动作和姿势。无论是坐立行走、举手投足、跑跳翻滚等基础动作，还是唱跳嬉闹的休闲娱乐活动，其中都蕴含了不同的个性信息，是人们内心活动的外在体现。我们可以从中了解他人的情感和性格。除此之外，学会准确有效地解读身体语言，识别每个动作背后的真实意图，可以帮助我们掌控人际关系，轻松驾驭人心。

第一节　步态

行走是一个人最基本的姿态之一，每个人都有自己独特的走路姿势。走路姿势能体现出一个人的精气神，甚至可以用来识别特定的人群。例如猫步向来是T台模特的专属标志，是高贵优雅的象征。还有所谓"六亲不认的步伐"，走路时脑袋仰起，大幅度左右甩臂且摇晃上半身，是一种浮夸嚣张的走路姿势，如果不是演绎需要，那这种人的性格高冷自负，对他人的评价毫不在意。看步态动作识人，是一项有趣且实用的技能。如果我们细心观察，还可以发现步态能反映出人的情绪状态和性格特点。

1. 走路速度

步伐快并且踮脚尖走路的人，步态有微微的跳跃感。他们不但走起路来给人轻松轻盈、健康乐观的感觉，性格也坦率真诚，人缘很好。

如果是急匆匆的小碎步，这种人是内敛含蓄、深藏不露的，做人做事克制有边界感，不会轻易表露情绪。所以这种人在社交中会显得不够合群，不容易接纳别人，也不对外表露自己，对自己反感的人和事也不会轻易改变看法。

有的人走路急促且用力，但上半身几乎保持不动，这种步态的人内敛保守，虽然不善交际，但是头脑聪明，思虑周全，办事靠谱。

还有一种是人们常说的走路带风的人，走起来腰板挺得很直，有步步生风的气韵，这种人雷厉风行、精力充沛，喜欢迎难而上，有勇气有魄力。

步伐平缓且坚定有力的人往往自信沉稳，冷静并且理性，他们善于把控全局，充满领导力和号召力，稳中有力的步态源自内心深处的理性和智慧，他们做事往往有条不紊，擅长理性分析，总是能找到攻克难题的方向。他们在生活中情绪稳定，给人坚实可靠的感觉，因此也会受到很多人的喜欢与欣赏。

有的人走路步伐平缓但总是习惯上体前倾，这种人的性格温和内向、为人谦虚，注重自身修养。他们不苟言笑，不喜欢张扬，却并不难相处，非常看重友谊和感情，甚至抱有"士为知己者死"的信念。

还有的人走路不疾不缓，双手轻轻摆动，气质文雅。这类人大多富有教养，但是安于现状、不思进取，做事畏首畏尾。在工作中，他们不乏能力和才华，但过于佛系的性格导致他们不容易得到重用，所以事业上的成就平淡。

步伐迟缓的人，如果不是心情沉重，也不是行动不便的老人，那么这种人普遍性格保守，软弱胆小，没有进取心，对外部环境充满畏惧，极易产生心理问题。

2. 步伐形态

有些人的步伐独具特色，走路摇摆跳跃，不拘一格，自由洒脱。这类人一般胸无城府、外向阳光，对外部世界充满好奇和探索欲望，他们做人做事不会特别较真儿，对事物的包容度很广，所以他们心态健康积极，看起来随意洒脱，其实大智若愚。

喜欢踱方步的人自我要求很高，他们内心冷静，有非常强的自控能力，时刻保持着清醒的头脑和温文尔雅的言谈举止。做事客观冷静，深思熟虑，不会主观臆断或者感情用事，他们很难去找对象倾诉，但是这种人心思缜密、计划周全，往往事业有成。

走路步伐齐整，双手有规则地摆动，像是军人走正步，可能日常生活中看到这类步态略显浮夸，但他们毫不自知。这种人内心较为强大，意志力和信念都异常坚定，不会因外在环境和事物的变化而受影响。

有的人走路时双脚向内或向外，俗称内八字和外八字。这类人聪慧内秀，但是社交方面不够积极主动。尤其是内八字式的走路姿势，看起来憨实厚道，为人传统，不喜欢标新立异，认为平平淡淡才是真。但是这类人一旦面对突发事件就会慌乱无措，缺乏应急处理能力。

3. 走路气势

有的人走路的时候，下巴高高地抬起，手臂很夸张地来回摆动，肢体略显僵硬。这被称为"墨索里尼式"步态，是傲慢和情绪化的代表。

有的人走路时注重自己的气势，往往表现得抬头挺胸，大步向前，不吝展示自己的气魄和力量，有傲视一切的感觉。这类人常常自以为是，不轻易投靠和求助别人，不热衷于人际交往，给人清高孤傲的感觉。这类人有时过于自负狂妄，容易主观臆断他人，不太热衷于人际交往。但是他们思维敏捷，行动非常有计划性和条理性，同时具有很强的执行能力，在他人眼中总是保持着完美形象。

还有的人走路时昂首挺胸，双手背在身后，以自我为中心，看上去极具优越感和松弛感。实际上这类人有很强的统治欲和占有欲，在家庭中有大家长倾向，工作中对自己和他人要求严格。这种步态常见于权势地位很高的"大人物"身上。如果普通人走出这种步态，就有外强中干的嫌疑了。

而喜欢低头快走的人，比较自我和特立独行，具有社交恐惧倾向，也容易情绪化。只喜欢和同类人交朋友，非常慢热。

4. 走路声音

脚步声此起彼伏的人为人豁达，积极乐观，他们是快乐的传播者，跟他们在一起非常轻松愉快。

脚步声较轻的人为人警觉，心理防线坚固难以突破，人际交往中非常重视"边界感"，所以和他们交往，会有"君子之交淡如水"的感觉。

脚步声清晰响亮的人走路是坚定快捷的，他们往往精神焕发，充满动力，这种人胸怀大志，不甘平凡。他们是纯粹的理想主义者，对未来充满希望和期待，喜欢有规划地做事情，总是有条不紊。

脚步声拖沓的人一般走路拖着脚，给人带来颓丧和不堪重负的消极感。这类人往往内心忧郁。

人们走路的步伐千姿百态，每个人都有自己独特的走路姿势，每一种走路姿势都代表了不同的个性,像指纹一样独一无二。我们通过步态可以解读出丰富的信息,不同性格的人走路姿势不同,甚至同一个人在不同情绪下走路姿势也有差别。情绪对步态的影响是显著的。当人的情绪状态发生变化时,这种变化通常会通过步态表现出来。

例如:当人们感到快乐和兴奋时,他们的步态通常会变得更加轻盈和活泼。步伐会加快,会更加跳跃。当人们感到悲伤或沮丧时,他们的步态会变得沉重、缓慢、拖沓,甚至出现低头、弯腰等消极的身体语言。紧张和焦虑情绪会使人们的步态变得僵硬和不自然,他们会过度关注自己的步伐,导致步态变得不流畅。当人们感到愤怒或觉察到敌意时,他们的步态会变得快速而有力,甚至可能出现踢腿、踩踏等攻击性的动作。

因此,通过观察一个人的步态,可以在一定程度上了解他们的情绪状态和性格特征。在某些情况下,情绪对步态的影响可能并不是直接的,而是通过影响身体的其他系统,如神经系统、内分泌系统等,间接影响步态。例如,恐惧情绪可能会导致身体紧张,进而影响肌肉的收缩和舒张,最终影响步态。

第二节 站姿

古人云："坐如钟，站如松"。中国人几乎从小都被要求过"站有站相，坐有坐相"。站姿是人的静态造型动作，也是人类最基本的举止之一。站姿看似平常，却是能够直观地展现出一个人的教养、气质和心理状态的身体语言。

当人们处于站立状态时，通常会采取四种姿势，即交叉双腿的姿势、双腿张开的姿势、立正的姿势，以及一只脚指向前方的姿势。通过观察一个人站立时的姿势，可以了解他的性格特点和心理活动。

1. 双腿张开

双腿张开站立的站姿，类似剪刀的形状。张开双腿表示坦率、真诚。这类人通常比较外向，喜欢吸引他人的注意，显得比较开放和自信。他们比较大胆、果断，对自己有信心，也乐于接受新的挑战。

这种站立姿势男性使用得较多，相对来说女性使用此种站立姿势的时候较少。男性常以这种站姿来显示自己的支配、决定地位，以及他的男子汉气概。例如，竞技场上的男性选手们在比赛开始或是终场的时候，通常就会摆出此种站立姿势，以此向对方显示自己的男子汉气概。

2. 立正

立正的站姿在日常生活中最为常见，无论是男性，抑或是女性，都会广泛使用此种站立姿势。立正的站姿显得比较正式和严谨，这类人比较注重规矩和纪律，对自己和他人都有较高的要求。他们比较理智、冷静，不善于表达情感，但对待工作和任务却非常认真。

立正的姿势表明一种中立的态度或对对方的尊敬之情。一般来说，在陌生男女第一次见面时，女性尤喜欢采用此种站立姿势，因为这样能使她们的双腿保持并拢，从而能给对方一种矜持、含蓄的美好印象。除此以外，晚辈见长辈、学生见老师、下属见领导，以及地位低的人见地位高的人的时候，往往也会采用此种站立姿势，以示他们对对方的尊敬之情。

3. 单脚指向前方

单脚指向前方的站姿，通常代表着一种积极向前的心态。这类人往往比较有目标和追求，对未来充满期待。他们比较果断、勇敢，敢于面对挑战和困难，追求自己的梦想。

一只脚指向前方的站立姿势最能揭示一个人的心理活动状态，因为一个人脚指向的方向，往往就是他心里所渴望、最感兴趣的地方。比如，一个人和某一人群交谈时，他通常会将自己一只脚的脚尖指向与他说话最投机的那个人。如果他与对方交谈一定时间后，发现他和对方并没有太多的共同语言。此种情况下，他就会在不知不觉中把自己那只伸出去的脚的脚尖向左侧或是右侧偏移，以此来向对方暗示：对不起，我想离开了！

4. 交叉双腿

交叉双腿的站姿，通常代表着一种防御或有所保留的心理。这样的人可能比较内向，或者是对当前的环境或对话有所保留，不想过多暴露自己的真实想法。他们往往比较谨慎，不会轻易做出决定。处在陌生环境中时，人们呈现出交叉双腿站立姿势，意味着封闭、消极，表示带有自卑性的防御和封闭的心理状态。如果再进一步观察，会发现这些保持站立姿势的人彼此之间的距离都比较大。

人类的双腿主要有两大作用：其一是帮助身体前行，进而获得食物；其二是帮助我们在遇到危险时，可以迅速跑开。人的腿之所以有如此两大功能，归根到底，还是与人类的大脑有关。行为学家通过研究发现，人类大脑天生就能指挥身体去获取可以维持生存的物品和命令身体迅速离开它不想要的东西，而能帮助大脑实现这两大指令的就是人类的腿，当然包括脚。

正因如此，很多时候我们通过观察一个人使用腿脚的方式，就能知晓他现在的心理活动状况，即他是想离开，还是想留下来继续交谈，再或是有其他想法。把腿张开能暗示我们，此人在心理上自认有优越感或是胸怀坦荡；而若是双腿交叉则表明此人具有较强的排外心理或者是较强的戒备心理。

站姿是一种非常直观的身体语言，站姿中的脚部动作、双手姿态、身体的倾斜与弯曲等都是反映情绪状态的重要部分。我们可以通过观察一个人整体的站姿判断出他们当前的情绪状态。

脚部动作：脚部动作往往是情绪的真实反馈。当一个人感到开心和放松时，他们的脚步可能会更加轻盈，甚至有些跳跃感。而当他们感到紧张或不安时，脚部可能会变得僵硬，甚至微微颤抖。有些人在紧张时还会选择交叉双腿或双脚，这是一种自我安慰和防御的姿势。

双手的姿态：双手在站姿中也扮演着重要的角色。自信的人往往会自然地下垂双手或轻松摆动，而紧张的人则可能将双手紧握或放在身体前面，形成一种保护性的姿态。此外，双手交叉抱胸往往表示拒绝、防御或不满的情绪，而双手背在身后则可能暗示着自信或权威。

身体的倾斜与弯曲：身体的倾斜和弯曲也能透露出情绪状态。例如，身体前倾可能表示对某事物感兴趣或关注，而后仰则可能表示无聊或不感兴趣。身体的弯曲程度也能反映情绪的紧张程度，越紧张的人往往身体弯曲得越明显。

面部表情与眼神：虽然这部分不属于站姿本身，但面部表情和眼神往往与站姿相互呼应，共同反映一个人的情绪状态。例如，一个自信的人往往会面带微笑，眼神坚定；而一个紧张的人则可能眉头紧锁，眼神飘忽不定。

总的来说，当一个人感到紧张和不安时，他们的站姿往往会变得非常僵硬。身体紧绷，双手可能会紧握在一起或者放在身体前面，仿佛在寻找一种保护感。脚部也可能不自觉地并拢，显得小心翼翼。这种站姿传递出的是一种防御和不安的情绪。除此之外，站姿还可以透露出一个人是否感到疲惫或者无聊。比如，当一个人感到疲惫时，他们可能会选择倚靠墙壁或者桌椅，以减轻身体的负担；而当一个人感到无聊时，他们可能会交叉双臂，身体微微后仰，显得心不在焉。相反，当一个人感到自信和愉悦时，他们的站姿则会显得非常舒展和自然。身体放松，双手可能会自然下垂或者轻轻摆动，脚步也会更加轻盈。

哈佛学子、当代作家威廉·丹福思曾这样描述："当我经过了一个昂首挺胸、放平肩膀、收腹的人面前时，他对于我来说是一种激励，而我也会因此而不由自主地站直。"由此可见，富有魅力的站姿不光会给自己积极的心理暗示，也能传达给他人一种轻松和自信。

第三节　坐姿

坐姿是人体的静态举止，也是最受环境约束的身体语言之一。坐姿是否得体合宜是带给他人的最直观印象。在放松状态下，人都会选择使自己舒服的坐姿，每一种坐的方式似乎都是无意的。如果你善于观察，从落座时的动作、坐的姿态、坐的距离和位置，甚至相关的动作等方面，都可以窥出一个人的性格特质和心理动向。

1. 落座时的动作

有的人是猛然地坐下，有的人则慢慢坐下。有趣的是，落座时表现出猛然的动作，这类人并不是不拘小节，而是他们试图掩饰自己的焦虑或担忧。这类人比较敏感，容易受到外界影响，或者有一些不愿轻易透露的心事。

而慢慢坐下的人，他们通常给人一种稳重、从容的感觉。他们做事有条不紊，不会轻易冲动，而是会深思熟虑后再行动。这种人在处理问题时，通常能够保持冷静和理智，不会轻易被情绪左右。他们有着良好的自我控制力，能够在复杂的情况下保持镇定。

2. 坐的姿态

坐下之后，有些人将身体沉下，靠满椅背坐着；有些人小心翼翼地坐在椅子前部。舒适而深深地坐入椅内的人，可视为在向对方表现自己处于心理优势的行为。这种人往往给人一种自信、大方的印象。他们通常心态开放，做事不拘小节，敢于展现自己的真实面貌。这种人通常比较直率，不喜欢藏着掖着，他们的行为举止往往也很自然、得体。同时，坐满椅子的人可能也具有一定的领导才能，因为他们敢于占据空间，展现出自己的权威和影响力。

与此相对的，始终浅坐在椅子上的人无意识地表现出居于心理劣势的行为，且欠缺精神上的安定感。这种人可能显得比较谨慎、保守。他们对自己缺乏自信，或者对环境持有戒备心理，因此不敢完全放松下来。这种人比较敏感、细腻，对周围的变化和氛围有着敏锐的洞察力。他们通常不会轻易表露自己的真实想法和感受，而是会保持一定的距离感。同时，浅坐的人也可能更加注重细节和礼节，他们在待人接物方面通常比较周到、得体。

3. 坐的距离和位置

我们很少关注到的是，彼此间的实际距离常常代表着心理距离，所谓"亲密无间"，就是说关系亲密的人会坐得非常相近，反之则说明彼此关系一般或者不熟。交谈过程中如果一方不断靠近另外一方，表示他想拉近彼此之间的关系；反之则表示他想保持一定的心理距离。

并排而坐如果改成面对面坐，说明话题引起了双方的兴趣，也可能是彼此产生了分歧和争论。反之，如果从面对面改成并排而坐，则说明彼此之间的心理距离正在缩小。

喜欢坐在桌子一角的人性格内向。喜欢背对房门而坐的人心理承受能力差，容易焦虑不安。喜欢靠近门口坐的人，性格谨慎，渴望接近权力中心。在左右就座位置中，选择对角线位置落座的人成熟豁达、为人亲和、尊重他人，在人际交往中平等待人，值得信任。

4. 常见的坐姿

正襟危坐的坐姿通常暗示着一个人真挚诚恳、胸怀坦荡。这种坐姿表现出一种稳重和自信，说明这个人比较注重自我约束和形象塑造，值得信赖和依靠。

跷二郎腿坐着的姿势暗示着一个人谨慎、矜持的性格特点。他们对自己缺乏足够的自信，做事犹豫不决，需要更多的时间来思考和权衡利弊。同时，这种坐姿也说明他们的性格比较复杂，不太容易被人了解。

有些人喜欢脚尖并拢、脚跟分开地坐着，这表明他们做事有时过于一丝不苟，缺乏变通性。他们习惯独处，交际范围有限，只与亲近的人保持密切关系。同时，他们有时也会过高评价自己的能力，需要更加客观地看待自己的优点和不足。

还有一种常见的坐姿是双脚伸向前、脚踝部交叉。这种坐姿暗示着一个人喜欢发号施令，具有嫉妒心理。他们比较固执己见，因此难以相处，需要更多理解和包容。

另外，有些人喜欢敞开手脚而坐，这可能表明他们具有主管一切的偏好，具有指挥者的气质或支配性的性格。他们性格外向、乐观开朗，但有时也可能表现得过于自信或不知天高地厚。

最后是"数字4"形坐姿。坐在椅子上时，一条腿弯曲，平放在另一条腿上，让身体和椅子成为一个"数字4"形坐姿。一般来说，此种姿势表现了想要进行争辩或是竞争的态度。采取此种姿势坐下的多为男性，表面上看，他们更具控制力和霸气，因此他们会显得有点桀骜不驯。需要注意的是，在亚洲国家，"数字4"形坐姿通常被认为不雅或是非常不尊重对方的姿势。

除此之外，还有很多常见的坐姿，都折射出不同的性格特征。例如：在社交场合中，架起双腿的人，处于优势；而并拢双腿的人，正处于劣势；交叠双腿而坐的人充满自信和豁达。

5. 坐姿表达情绪

坐姿作为最直观的身体语言之一，和坐姿相关的身体部位，如背部姿势、肩膀状态等都能反映一个人的情绪和心理。我们可以通过观察一个人整体的坐姿判断出他们当前的情绪状态。

首先是背部姿势。背部挺直通常表示自信、积极或者心情愉悦，而背部佝偻则可能透露出疲惫、沮丧或者缺乏自信的情绪。背部姿势的变化往往能够直接反映出一个人的情绪起伏。

其次是肩膀状态。肩膀放松时，通常意味着心情轻松、自在；而肩膀紧绷或者垮下，则可能表示紧张、焦虑或者正在承受压力。肩膀的微小变化往往能够揭示出一个人内心的情绪波动。

再来看双腿的姿势。双腿交叉或者微微弯曲可能表示轻松、舒适或者愉悦的情绪；而双腿无力垂下或者频繁调整姿势，则可能暗示着沮丧、不安或者紧张。双腿的姿势变化与情绪状态之间有着密切的联系。

此外，手部和手臂的动作也是反映情绪的重要部分。例如，双手紧握椅子扶手可能表示紧张或者焦虑；而手臂交叉抱在胸前则可能透露出防备、抵触或者不满的情绪。手部和手臂的动作往往能够增强或者补充坐姿所传达的情绪信息。

需要注意的是，这些部分并不是孤立的，它们相互配合，共同构成一个完整的坐姿。因此，在观察一个人的坐姿时，我们需要综合考虑各个部分的变化，以更准确地把握其情绪状态。

第四节　握手

现代社会，握手是一种非常普遍的社交礼仪，同时也是职场人士的一项必备社交技能。看似平凡无奇的交往礼节，其实充满深意。不管是初次见面还是久违再见，都可以通过握手洞察对方的心理状态、揣摩对方的真实意图。通过握手来探寻内心的蛛丝马迹，成为人们在无意识中赋予握手礼仪的一项重要心理使命。

初次见面的双方，在握手致意的时候，通常能够从握手这一动作中接收到对方传递过来的一些微小的信号。然后，双方互相在内心迅速完成评价，形成彼此的初步印象。评价的内容大致分为以下三种：

强势："他有强烈的控制欲望，并且想将我也纳入他的控制范围。我最好提防着他。"

弱势："我完全可以控制住这个人。他一定会按照我的要求去做的。"

平等："和这个人在一起，我觉得很舒服。"

以上这些信息都是我们通过握手这一简单的动作，于无声之中传递给对方的。那么，这短短的握手过程中间发生了什么？传递的信息从何而来？评价的结论又是怎么得出的？

1. 握手姿势

对等式握手：这种握手方式多见于双方社会地位相近的情况下。双方的手掌都自然地朝向对方，这种握手方式传递出的是尊重、平等和友好。采用这种握手方式的人往往比较注重公平和平衡，善于与他人建立和谐的关系。

支配式握手：也被称为控制式握手。这种握手方式通常表现为一方掌心向下或向左下握住对方的手。这种姿势往往显示出一种自信、果断甚至傲慢的态度，表明握手者可能具有强烈的支配欲望或控制欲。他们通常具备自信、果断、利落的性格特点，并希望在交往中占据主导地位。

谦恭式握手：这种握手方式表现为掌心向上或向左上的手势与对方握手。采用这种姿势的人往往性格较为软弱，处于被动、劣势地位，或者对对方充满尊重和敬仰。他们通常比较谦和、平易近人，不固执，处世民主。

双握式握手：这种方式在右手相握的同时，再用左手加握对方的手背、前臂、上臂或肩部。这种热情的握手方式显示出握手者对他人的真诚关怀和信赖，他们通常热情真挚、诚实可靠。

捏手指式握手：常见于女性与男性握手时，为了表现出矜持与稳重。但如果与长辈握手时采用这种方式，可能会显得不够尊重长辈。

长握不舍式握手：有一类人在握手之后，常常握着对方的手久久不放，难分难舍。这种长握不舍型的人一般性格比较开朗、情感丰富，善结交朋友，且对朋友非常重视。当他握住了你的手，也就表明他希望能与你进一步沟通感情。

手掌湿润式握手：握手时，手掌微微湿润，有这样表现的人，说明他虽然表面上平静、泰然自若，实际上却非常紧张。为了隐藏自己的缺点或恐惧，他将会十分注意自己的姿态、言语或举动，以防止透露自己的真实情绪。

总之，握手确实是一个可以瞬间感受到对方气场和情绪的社交动作。从握手了解一个人，是一门需要综合研究的学问。

2. 握手的力度

如果一个人的握手力度适中且坚定，这通常表明他性格稳重、自信。这种握手方式传达出一种积极的态度，表明对方对交往充满自信，同时也尊重对方。他们通常能够很好地控制自己的情绪，不容易被外界因素所影响。

一个人的握手力度过强，甚至让人感到疼痛，这意味着他性格比较强势、自信过度甚至有些自负。这种握手方式反映出对方的控制欲较强，希望在交往中占据主导地位。他们比较固执己见，不太容易接受他人的意见和建议。同时，这种握手方式也暗示着对方情绪较为紧张或者激动。

相反，如果一个人的握手力度过轻，几乎像是敷衍了事，这表明他性格比较内向、羞涩或者缺乏自信。这种握手方式反映出对方在交往中比较被动，不太善于表达自己的情感和想法。他们需要更多鼓励和支持来增强自信心和主动性。

此外，我们还需要注意到，握手力度可能会随着交往的深入和情绪的变化而发生变化。例如，在初次见面时，对方可能会保持一定的礼貌和距离感，握手力度相对较轻；而在熟悉之后，握手力度可能会逐渐增加，表现更加亲密。

3. 握手的持续时间

握手的持续时间也是一个重要的观察点。如果一个人的握手时间非常短暂，几乎只是轻轻一触便迅速松开，这可能意味着他对这次交往不太感兴趣，或者性格上比较冷淡、内向。这种握手方式可能反映出对方的疏离感或者保留态度，也可能表示他们不太擅长或者不善于与人建立深层次的联系。他们可能更注重效率，希望在短时间内完成握手这个礼仪性的动作，然后继续进行下一步的事情。

一个人的握手时间明显偏长，这往往暗示着他们性格中的某种特点。例如，他们可能非常热情、友好，希望通过握手来传达自己的真诚和善意。这种握手方式可能反映出对方愿意投入更多的时间和精力来建立和维护与他人的关系。此外，握手时间过长也可能意味着对方对这次交往非常重视，或者对你本人有着特别的好感。

一个人的握手时间适中，既不过于短暂也不过于冗长，这通常意味着他们在交往中比较得体、有礼貌，懂得尊重对方。这种握手方式可能反映出对方的自信和稳重，他们能够在不同的情境下灵活地调整自己的行为方式，以适应不同的交往对象和环境。

需要注意的是，握手时也需要考虑对方的反应。如果对方在握手过程中表现出明显的不适或者厌烦，那么无论你的握手时间是否适中，都可能给对方留下不好的印象。因此，在握手时，我们还需要注意观察和感受对方的反应，以确保自己的行为得体、恰当。

通过观察和分析握手姿势、力度和时间，我们可以对一个人的交往态度、自信程度和情绪状态有初步了解，为进一步的交往打下基础。需要注意的是，假如你想对他人有更加准确、更加深入的了解，还必须观察其握手之后的一系列肢体动作，从中获取更多的信息。通常而言，性格恭顺的人其表情和动作往往都会显得比较温和，而一个控制欲望强烈的人其动作和表情则会较为决绝。

第五节　写字

书写是一种习惯性的行为，我们写字时似乎都是信笔写来，不加太多考虑和思索。笔尖流出的实际上是人的潜意识。因此，笔迹可以反映出书写者的习惯、态度、情感、性格以及心理状况等信息。

学会在日常交往中看笔迹识人，我们可以重点从五个方面观察分析，即字形、倾斜度、书写速度、字体大小、笔压。

1. 字体形状看个性

连笔形字思维灵活。这种字体写法灵活，笔形随意。习惯写连笔形字体的书写者思维灵活，不拘泥，不固守陈规。善于抓住事物的重点，具有很强的逻辑思维能力。

正方形字追求稳妥。字体的高度与宽度基本等距，横平竖直，书写很规范，类似于楷书。表现在个性特征上，这种人品行端正，为人正直，责任心强。办事稳重踏实，为人细心谨慎。遵守纪律，原则性较强，思想相对保守，在行为方式方面不灵活，有些循规蹈矩，墨守成规，缺乏创新意识。

长方形字比较开拓进取。习惯于书写这种字体的人一般有较强的自信心，积极进取，富于行动性，处世爱憎分明，具有勇于开拓的精神。

扁形字意志顽强。与长方形字相近的扁形字拥有顽强的毅力。书写扁形字体的人有顽强的毅力、坚忍不拔的意志，有时甚至是固执己见，爱钻牛角尖，做事有计划，但有时也有刻板僵化、缺乏弹性的缺点。

圆形字性格随和。书写圆形字的人，一般性情随和，善解人意，重感情，自控力强和适应能力强，不喜欢与人产生正面冲突，但过于克制自己的需求，有时候行动不够果敢，做决定时常常犹豫不决。

2. 字体倾向看人格

向右倾斜：如果一个人的字迹向右倾斜，说明书写者的性格比较开放和外向。他们善于表达自己的想法和情感，容易受到他人的影响和激励。同时，这种倾斜也可能意味着他们在生活中较为乐观和积极，愿意追求新鲜和刺激的事物。然而，这也暗示着他们的意志力相对薄弱，容易在面对困难时产生动摇。

向左倾斜：如果字迹向左倾斜，说明书写者的性格更为内敛和内向。他们更善于自省和反思，对自己的情感和想法有着深刻洞察。这类人往往比较理智和敏感，不太容易受到外界因素的干扰。他们更注重个人内在的成长和修养，而不是外在的成就和认可。

向上倾斜：写字时字体向上倾斜，意味着书写者具有积极向上和进取的性格。他们对生活充满热情和信心，对未来充满期待。这种倾斜也反映出他们具有较高的自我期望和目标，愿意为之付出努力和奋斗。

向下倾斜：字体向下倾斜的人，更倾向于消极被动的态度。他们可能对生活感到失望或无助，缺乏前进的动力和信心。这种倾斜也可能意味着他们在面对困难和挑战时，更容易选择逃避或放弃。

3. 书写速度看反应

书写速度的快慢，反映书写者反应能力与理解能力的快与慢。书写线条流畅，笔画与笔画之间连笔较多的笔迹书写速度往往很快。书写速度快的人，一般每分钟可以书写四十个字以上。书写速度快的书写者活泼、机敏，不知疲倦，但常常粗心，情绪不稳，缺乏忍耐力。书写速度慢的书写者一般每分钟书写不超过二十五个字。他们一般性格安静，有忍耐力，缺乏自信，犹豫不决。写字谨慎而慢的人，工作时他会非常仔细，孜孜不倦，然而一旦被催促加快速度时，就不能发挥原有的水准了。

4. 字体大小看心理

大字好表现。习惯于写大字的人喜欢引起别人的注意，好表现，做事比较迅速但有些鲁莽，不注重细节，往往会以自我为中心。

小字好谦卑。习惯于写小字的人，通常是喜欢内省的，不喜欢被别人注意，比较敏感，注重细节，谦卑恭顺。

中等字重实践。习惯于写中等字的人注重实践，偏理性和现实，对外界适应能力强，工作中很容易与人友好相处。

5. 书写笔压看意志

笔压是指笔尖落到纸面压力的大小，换句话说就是用笔的力度。笔压重用笔力度大，这种书写者意志坚强，精力充沛，不怕困难，勇于迎难而上。非常有主见，自己下了决心后一般不受他人影响。但同时这种书写者也具有倔强、固执的特点。笔压轻用笔力度小，这种书写者性格随和，谦虚，处事灵活，有可塑性，但往往做事犹豫不决，不果断，缺乏自信和决断力，不敢勇挑重担和承担风险。

此外，随着电脑、手机、互联网的应用，人们书写的频率大幅度降低。表面上看来，书写笔迹在社会生活中逐渐被淡化；事实上，在重要合同和正式文件上签署姓名的时候，书写依然是目前人们采用的主要方式。为自己设计个性化的签名是当下比较流行的做法。他人通过签名，会对签名者形成一个初步的感性认识，因此，签名也关乎个人形象。各式各样的签名也能体现签名者的个人特质。

签名特别大或者特别小。签名字体远远大于平时的字体，这类人的自信心较强，为人不拘小节，遇事果断。相反，签名字体小于平时字体，这类人往往低调实干，心态平和。但如果签名字体小且紧凑，这类人比较节俭，但往往因小失大。

签名向上的人胸怀大志。签名向上的人一般都怀揣雄心壮志。他们不畏艰辛，积极向上，坚定执着地追求鲜花和荣誉。

签名向下的人缺乏自信。签名向下的人通常都被认为是消极和等待的人，他们总是能量不足，似乎已经饱经世间的沧桑和磨难。这种人对未来没有任何幻想，自信心严重不足。容易受到别人成功的鼓舞而热血沸腾，但激情转瞬即逝，转眼就与人随波逐流。

签名向左的人爱憎分明。签名向左的人一般喜欢创新和追求不同凡响，不喜欢按照常规办事。如果他们喜欢某个人，就会热情周到；如果厌恶某个人，就会冷酷到底。他们在陌生人面前直言不讳，喜欢表现自我，同时他们本性认真诚恳而又不失幽默。

签名向右的人拥有良好的人际关系。签名向右的人在日常生活中表现出十足的信心，他们热情洋溢，积极向上，在别人面前总摆出一副充满朝气、和蔼亲切的样子。他们是社交高手，在人际交往过程中非常主动。

签名中的特殊元素表达特殊含义。签名中的特殊元素如点、线、圈等。例如，在签名末尾加上一个点可能意味着书写者希望尽快结束对话或任务；而签名下方的画线则可能表明书写者希望他人记住自己的个性特点。

我们可以通过笔迹了解书写者的性格特质，反过来，人们在书写过程中有意识地、主动性地采取一些强化练习，可以在提高自身的书写水平的同时克服自己对应的性格瑕疵，不断提升和完善自己。例如，火气大、性格急躁的人运笔速度往往都是非常快的，如此人的言行举止会显得过度草率或者过激，身体极易上火，因此需要他们放慢运笔的速度，宁神静气，让急躁的情绪逐渐缓和下来。

第六节 就餐

饮食习惯与性格之间的关联是一个有趣且复杂的话题。从动物食性的分析来看，食肉类动物通常性情凶猛，而食草类动物则相对温和。这种观察为心理学家提供了启发，于是开始研究人类的饮食习惯与性格之间的关系。

然而，需要明确的是，人类的饮食习惯远比动物复杂得多。这不仅仅是因为人类的食物种类更加丰富多样，还因为饮食习惯受到社会、文化、经济和个人偏好等多种因素的影响，正如人的性格一样。

1. 饮食习惯

饮食习惯与性格特征之间存在密切关联。从一个人的口味偏好、做饭吃饭的习惯、餐桌礼仪等方面都可以看出一个人的性格和喜好。在现实生活中，每个人的饮食习惯都不同。有的人喜欢吃清淡的东西，而有的人却习惯重口味；有的人在吃饭时不喜欢说话，而有的人却滔滔不绝。大多数人对此习以为常，不知道这些饮食习惯会包含人们的心理变化，下面教你掌握一些判断要领，揭开这些隐藏在饮食习惯中的心理特征，只要细心观察，就可以从吃饭这件小事看透对方的心理。对个体来说，人类的饮食习惯和口味千变万化，这些细节上的不同又在很大程度上体现出了这个人的性格特征。以下是一些常见的口味偏好与性格特征之间的关联。

喜欢吃甜食的人：往往性格开朗、乐观，善于社交，富有同情心。他们通常对生活充满热情，喜欢追求新鲜事物。然而，有时可能会过于依赖他人的评价，缺乏自信。有的人习惯在吃饭或者是喝咖啡的时候多放糖，在一定程度上这种人的内心十分健康和阳光，其心态也十分年轻，充满活力，带给人一种亲切和青春的感觉。温和且平易近人是他们的性格特点，当然也是他们的优点。但是这种人也有自己的缺点，那就是内心软弱，在陌生人面前显得比较矜持和腼腆。

喜欢吃咸食的人：可能性格较为急躁，情绪容易波动。这类人通常具有强烈的责任感和决断力，但在处理问题时可能会显得过于冲动。有些人对咸味食品有着特别的喜好，比如腌制食品、咸菜、咸鱼等。他们喜欢追求浓烈的味道。这样的人在生活中喜欢追求刺激和新鲜感，他们比较固执，对自己的口味有着坚定的信念，不容易被别人的意见所左右。就像他们坚持在菜肴里多放盐一样，他们也可能在生活中坚持自己的原则和立场。

喜欢吃酸食的人：往往性格独立、自主，具有强烈的好奇心和求知欲。他们喜欢挑战传统观念，勇于尝试新事物。然而，有时可能会显得过于固执己见，不易妥协。有的人吃饭时离不开醋，吃饺子、吃面条、喝汤都要放醋。这种偏好意味着他们对味道有着更敏锐的感知，这类人有较为开放和冒险的心态。醋的酸味给人一种清新、提神的感觉，代表了他们乐观、积极向上的生活态度。

喜欢吃辣食的人：通常性格大胆、直率，富有冒险精神。他们喜欢追求刺激和挑战，勇于面对困难。然而，有时可能会过于冲动，缺乏耐心和细心。有的人无辣不欢，似乎只有辛辣的食物才能让他胃口大开。这类人在饮食上嗜辣，性格也很"泼辣"，脾气秉性十分火暴，而且这种人具有多重人格——有时候对人过分热情，有时候又过分冷漠。时常让人捉摸不透，但是他们十分注重感情，是性情中人，值得信赖。在人际交往方面，他们可能性格强悍，爱憎分明，敢想敢为，吃软不吃硬。

喜欢吃熟透的食物：一般而言，这类人性情温顺，待人随和，不拘小节，与任何人都能打成一片，是交际圈的主角。敢于追梦，喜欢设计未来，但是在追求理想的过程中可能缺乏持之以恒的精神，容易半途而废。不过，他们随遇而安，对于梦想能否实现并不在意。

喜欢吃生食的人：比如爱吃生菜、鸡蛋，甚至生肉，爱喝牛奶，他们往往体格强健，性格强悍，很有英雄气概，无论男性还是女性都极具魅力。这种人在内心其实有一种对原生态生活的追求，并且在各方面都追求天然自然。但是在遇到问题的时候缺少一定的担当和责任心。

喜欢吃肉的人：这类人内心充满了激情，喜欢寻求刺激，喜欢冒险，而且往往给人一种积极进取、活力四射的感觉。富有进取精神，有成为领袖的强烈愿望，喜欢支配他人，但不会颐指气使，不容易让人厌烦，一般看上去憨厚老实，在社交圈中活跃，容易与人谈得来，更容易让人产生信赖感。

喜欢素食的人：这类人大多比较冷静内向，自我控制力强，喜静不喜动，不善于与人亲近，耐得住寂寞。一般不太注重人际交往，情愿独来独往，凡事都依靠自己的力量。自我意识较强，很清楚自己需要什么，能够进行明智的选择，禁得起诱惑，富于创造力，外表看起来生活得平淡无奇，实际上活得有滋有味，乐趣无穷。

另外，还有很多饮食口味的偏好，也能透视出人们性格的差异。抛开地域差异，在同样的条件下，习惯吃大米的人通常感情细腻，生活讲究，喜欢精致的食物；相较之下，习惯吃面食的人性格更为粗犷，不拘小节，更吃苦耐劳。喜欢清淡食物的人可能性格比较温和、内敛，而偏爱重口味食物的人则可能性格比较热烈、外向。喜欢尝试不同食物的人比较好奇、开放，而只喜欢吃熟悉食物的人则比较保守、稳重。

2. 饮食规律

从饮食规律的角度入手，也可以窥见一个人的性格和心理状态。

饮食有规律的人，往往具备着高度的自律性和组织能力。他们会按照固定的时间、分量来进食，从不轻易打破自己的饮食计划。这种类型的人通常性格稳重、有条理，对待工作和生活也是一丝不苟的态度。他们善于规划和管理自己的时间，能够高效地完成任务，是值得信赖的合作伙伴。

相反，饮食毫无规律、随心所欲的人，则可能比较随性、自由散漫。他们不太在乎吃饭的时间和分量，经常饥一顿饱一顿，或者偏爱零食、快餐等不健康的食物。这种类型的人通常比较随和、不拘小节，但也缺乏自律性和责任感，对待工作和生活不够认真和用心。

除此之外，从一个人的饮食规律还能看出他的生活态度和健康状况。比如，有些人坚持每天早餐丰富、晚餐清淡，注重营养均衡和饮食搭配。这种类型的人通常比较注重生活品质，追求健康的生活方式，也更容易保持良好的身体状态。而那些经常暴饮暴食、饮食不均衡的人，则可能面临健康问题的风险，比如肥胖、消化不良等。

3. 对待食物的态度

从对待食物的态度上，可以观察到一个人的性格特质。

对于那些对待食物十分珍惜、从不浪费的人来说，他们往往具备着高度的责任感和规则意识。他们深知食物的珍贵，因此会尽力去享受每一口，不辜负每一份美味。这种类型的人通常性格稳重、踏实，对待生活也是认真负责的态度。他们懂得感恩和珍惜，是值得信赖的朋友和伙伴。

那些对待食物随意浪费、毫不珍惜的人，则可能比较随性、粗心大意。他们可能认为食物只是满足口腹之欲的工具，从未想过其背后的辛勤劳动和珍贵价值。

从一个人对待食物的态度还能看出他的生活态度和自我管理能力。比如，有些人对待食物非常挑剔，只选择自己喜欢的食物，而对于不喜欢的则一概不吃。这种类型的人可能比较固执，以自我为中心，不太愿意尝试新事物或接受他人的建议。而那些能够包容各种口味、不挑食的人，则通常比较开放、包容，愿意尝试和接受不同的文化和观念。

4. 用餐仪态

从一个人吃饭时的仪态也能看出他的性格。比如，有些人吃饭时细嚼慢咽、举止优雅，这通常意味着他们性格温和、有教养；而那些吃饭时狼吞虎咽、大声喧哗的人，则可能性格比较急躁、粗心。吃饭时滔滔不绝说话的人，一般性子很急，做事勇往直前，雷厉风行，与人相处时可能会显得咄咄逼人。而吃饭时闷不作声的人，冷静客观，不容易冲动，不善言辞，与人交往时有防备心理。

5. 做饭

除了吃饭之外，做饭也可以透露出一个人的性格和心理状态。

喜欢亲自动手做饭的人通常细致耐心。他们享受在厨房里忙碌的过程，从挑选食材到烹饪，都展现出了他们的用心和专注。这类人通常对生活有着积极的态度，注重生活的品质和细节。他们善于规划和安排，能够有条不紊地处理各种事务，是值得信赖的伙伴。

不太擅长或者不愿意做饭的人，则表现出一种懒散或者依赖的性格特点。他们更倾向于选择外卖或者快餐，不愿意花费时间和精力在烹饪上。这类人比较注重自由和享受，不太愿意被烦琐的家务事所束缚。

此外，从一个人做饭的风格和口味偏好，也能看出他的性格特点。比如，喜欢尝试各种新颖食材和烹饪方法的人，通常具备着开放、好奇的心态，勇于尝试新事物。而那些偏爱传统口味、注重食材搭配的人，则可能比较稳重、保守。

6. 对餐具的选择

喜欢使用精致、高档餐具的人往往更注重生活的细节，喜欢享受高品质的生活。这种类型的人通常具备一定的审美能力和鉴赏力，对事物有着独特的见解和品味。他们通常比较注重个人形象，追求在社交场合中展现自己的魅力。

对餐具不太讲究，甚至使用简单、实用餐具的人，则更注重实用性和功能性。他们不太关注外在的装饰和形象，更注重实际的效果和用途。这类人通常比较务实，不太会被外在的虚荣所左右。他们更注重内在的品质和能力，而不是外在的表象。

另外，从一个人对餐具的清洁和维护程度也能看出他的性格特点。每次用完餐具都会认真清洗、保养的人，通常都很细心、耐心。他们注重生活的细节，追求整洁和有序。这种类型的人通常比较注重个人卫生和环境卫生，有良好的生活习惯和卫生习惯。

还有些人会根据自己的喜好和心情来选择餐具。比如，心情好时可能会选择色彩鲜艳、图案可爱的餐具，而心情低落时则可能选择简约、朴素的餐具。这种类型的人通常比较感性、情绪化，容易受到情绪的影响而做出不同的选择。

第七节　饮酒

在社会交往中，酒如同一座无形的桥梁，是连接着人与人之间情感的纽带。它不仅是增进相互理解的媒介，更是辨识各色人物的关键。在众多的社交场合中，酒常常作为一种交流工具，是一种能够激发情感的饮品，因此更能透彻地暴露一个人的性情特征。

1. 从酒类的选择上来看

酒的品类选择与个人的性格和喜好有关，从对酒的口味和喜好上，我们可以了解一个人的性情。以下是常见的酒类型和与之相关的性格特点。

白酒：喜欢白酒的人性格较为直接、热烈，喜欢追求刺激和激情。他们喜欢社交，对他人富有同情心。他们喜欢被追捧的感觉，总是过多在意他人感受而不会轻易拒绝别人。为人传统、保守。白酒往往与传统文化和历史紧密相关，因此喜欢白酒的人比较重视传统。

红酒：通常被视为一种优雅的饮品，喜欢红酒的人注重品味和生活的品质。红酒常常与社交和情感联系在一起，因此喜欢红酒的人比较善于社交和表达情感。

啤酒：通常与轻松愉快的氛围相关，喜欢啤酒的人性格较为放松和随和，心胸淡然宽广，待人坦率。在饭桌上，如果他们频频劝对方喝啤酒，其实目的很纯粹，就是希望对方像自己一样快乐，希望双方能进行愉快的交流，喜欢啤酒的人比较重视团队和社交关系。

洋酒：往往被视为一种高端、独特的饮品，喜欢洋酒的人比较独立和自信。一般来说，年轻人比较热衷于昂贵的洋酒。在他们看来，喝洋酒是一种身份和地位的象征，所以喜欢用洋酒待客，以显示自己的财富和品味。他们一般思想新潮，装扮讲究，充满探索热情和冒险精神，缺点在于不够踏实。

鸡尾酒：是由多种酒类混合而成的，通常需要一定的创意和灵活性，因此喜欢喝鸡尾酒的人往往很有想法，在工作和生活中能够充分发挥自己，行为举止得体，人际关系比较好，他们可能并不喜欢喝酒，只是在制造一种娱乐气氛。

当然，还有一些人可能对各种酒都持有一种尝试和探索的态度，他们可能性格比较好奇和冒险。这样的人喜欢尝试新的事物和挑战自己的极限，他们不会满足于现状，总是追求更多的刺激和体验。

2. 从喝酒的方式上来看

喝酒是最常见的应酬，无论中外都是如此。人们在社会交往中会不自觉地形成属于自己的饮酒习惯。我们恰恰可以根据饮酒习惯来了解对方的性格和为人处世的态度。

有些人喜欢独自品味美酒，享受独处的时光，这样的人通常比较独立、自主，有着独特的审美和品味。而有些人则更喜欢与朋友们一起畅饮，享受社交的乐趣。这样的人通常比较开朗、热情，善于与人交流和建立友谊。喜欢在酒吧或夜店喝酒的人通常思想开放，喜欢尝试新事物、寻求刺激。他们比较注重享受和快乐，也能快速适应新环境。

有的人喝酒喜欢慢慢地品味，这样的人通常比较细心，注重细节；有的人则喜欢大口大口地喝，这样的人通常比较豪爽，不拘小节。喜欢敬酒的人性格外向开朗，热爱交际，有表现自己的欲望。

在酒桌上，人们的举止和言语都反映着他们的内心世界。而饮酒作为一种社交行为，更是可以透露出许多信息。例如，喝酒时喜欢用两只手抓住酒杯的人，会给人一种担心酒杯落地的感觉。这种人在喝酒时往往处于被动状态，很少主动敬酒，更不喜欢说话，在别人推杯换盏的时候，他们却难以融入。这类人大多性格内向，不善言辞，有些缺乏安全感。但是他们待人真诚，朋友不多但都是深交。

还有的人喜欢用手捂在杯口，这种人大都善于伪装，从来不在别人面前袒露自己的真情实感，给人以高深莫测的印象，他们或许缺乏自信、对人很难做到坦率真诚，因为害怕受到伤害，担心别人看低自己。

如果是把整个酒杯紧紧握在手掌里，用大拇指压住杯口，这种人一般都非常有主见，在酒桌上喜欢后发制人，具有较强的进攻性，他们能够巧妙地应付别人敬酒，如果不想喝醉，无论如何也不会喝多，他们往往开朗外向，性格豪爽，愿意与人交往，善于扮演活跃气氛的角色。日常生活中看起来沉默寡言，但是胸中自有城府。

不停玩弄酒杯的人，总是一边喝酒吃东西，一边漫不经心地玩弄酒杯。这类人往往没有强烈的事业心，看似忙忙碌碌，但却没有找对方向，甚至不懂反省。这类人做事不分主次，无法集中精力，事业上往往非常平淡。

喜欢劝酒的人待人热情，积极主动，兴奋起来容易激动，把持不住自己。劝酒且喜欢拼酒的人性格中还隐含了强势的一面。

3. 从酒后的不同表现来看

俗话说"酒风如作风，酒品如人品"。一个人饮酒后的反应往往体现着这个人最真实的一面。人们酒后不同的表现所透露出的心理的秘密也各有不同。

酒后酣睡的人一般很有正义感，原则性强，属于理智型之人，平常不喝酒时颇懂得自我约束，性格随和大度，容易相处，言行也少逾矩。一旦决定干一件事，就会毫不犹豫地为之付出一切，而且专一而深沉。

酒后沉默寡言的人心思往往十分细腻敏感，缺乏自信，平时总是以坚强能干的一面示人，但容易把生活上的不快记在心里，不愿意让周围的人看懂自己，而喝醉之后就暴露出了真实的心理状态。

酒后喋喋不休的人看似对一些事毫不在乎，实际上是个把什么事都藏在心里的人。

酒后爱笑的人个性乐观、随和、不拘小节，也是颇具幽默感之人，他们热爱交友，热爱生活，看淡世事，唯以微笑回应，对未来总是充满着信心。这类人有一种自然坦荡的气质，跟他们在一起会觉得舒服和温暖。

酒后引吭高歌的人一般个性有些内向、温和，不善于表达，生活起居较具规律性,也是乐观进取之人,虽会酒醉,但心不会醉。只要你深入了解他,就会发现他是一个很认真投入的人。

酒后变得暴躁狂怒的人,也就是人们常说的"酒乱子",这类人平时老实巴交,话不多也不显眼,几杯酒下肚就开始滋事,因为他们自认为付出没有得到回报,没有被公平对待,心情压抑不住而借助酒精发泄。这类人往往心气很高但情商不够,能力不足。

总之,饮酒有度的人通常能够很好地控制自己的饮酒量,不会轻易被酒精所迷惑。这样的人往往有着强烈的自控力和自律性,他们在生活中也能够很好地掌控自己的情绪和行为。他们通常比较稳重、可靠,是值得信任的人。相反,那些饮酒无度的人,往往缺乏自我约束和控制力。他们容易被酒精冲昏头脑,做出一些不理智的举动。这样的人可能在生活中也比较随意,缺乏计划和目标。

从情绪管理的角度来讲,有些人饮酒后依然能够保持冷静和理智,他们的言谈举止依然得体、有分寸。这样的人通常比较沉着、自信,能够在不同场合下保持自己的风度和气质。而有些人则会在饮酒后变得情绪化,甚至失控。他们可能会大声喧哗、乱发脾气,或者做出一些让人尴尬的事情。这样的人可能比较情绪化,容易受到外界因素的影响,需要更多的情绪管理和自我控制。

如果我们具备细致的观察力,还可以从饮酒后对他人的态度观察一个人的性格特点。首先,那些饮酒后依然能够保持对他人的尊重和关心的人。这类人的性格通常比较成熟稳重,能够很好地控制自己的情绪,不会因为酒精的影响而做出冲动的举动。他们在生活中也往往能够很好地处理人际关系,与他人和谐相处。

相反,有些人饮酒后可能会变得对他人冷漠甚至粗暴。他们可能会因为酒精的作用而情绪失控,对身边的人发脾气或者做出不礼貌的行为。这样的人通常缺乏自我控制力,情绪容易受到影响,他们在生活中也可能比较难以相处。

第八节　驾车

在当今社会中,汽车已成为人们生活中不可或缺的一部分,几乎每个人都与之产生了某种形式的联系。事实上,汽车不仅仅是一种交通工具,它还在很大程度上展现了驾驶者的性格和心理特点。想象一下,如果把汽车比作一个人身体的延伸,那么驾驶汽车的方式就像是身体语言的机械化表现。

一个人在驾驶时的行为和习惯,往往能反映出他的性格和行为特质。例如,一个性格急躁的人可能会频繁地按喇叭,而一个冷静沉稳的人则可能更加注重交通规则和安全驾驶。因此,通过观察一个人在驾驶过程中的习惯和细节,我们可以窥见他的性格特点和为人处世的方式。

1. 车辆的选择

从车辆的选择来看,选择进口车的人大多是现实主义者,有些会缺乏团队合作精神,处处为自己打算,虽然具有很强的交际能力,但是多以物质利益作为纽带,所以这类人交友虽广,但多为利益之交,一旦陷入困境,很可能陷入孤立无援的境地。

小型车和节能型汽车往往注重实用性和燃油经济性。选择这种车的人比较务实,注重性价比,不喜欢铺张浪费。他们可能比较保守,喜欢稳定,不喜欢冒险。

豪华轿车通常代表了高端、舒适和品质。选择这种车的人比较追求享受,喜欢高品质的生活。他们可能有一定的社会地位,注重自己的形象。

SUV或越野车通常具有较强的越野能力和空间优势。选择这种车的人喜欢户外活动,喜欢探索未知的世界。他们比较独立,喜欢挑战,不拘泥于常规。

跑车通常具有高性能和卓越的驾驶体验。选择这种车的人比较热爱驾驶，追求速度和激情。他们比较自信，喜欢表现自己，追求刺激和快感。

选择电动车之类新能源汽车的人比较开放，愿意接受新事物，环保意识更强，注重科技和创新。

另外，对驾驶感受的不同追求也可以体现出司机的性格特点。如果司机喜欢高速驾驶，追求速度和激情，这类人一般富有冒险精神，喜欢挑战和刺激。他们比较自信，乐于寻求新的体验和快感。一些司机更看重驾驶的舒适性和平稳性，他们更加注重生活的品质和细节。这类人比较内向，喜欢安静和放松，追求轻松愉悦的生活方式。

如果司机喜欢驾驶在未知的道路上，探索新的风景和体验，这类人对世界充满好奇，喜欢尝试新事物。他们可能比较开放，愿意接受挑战和变化。还有一些司机更看重驾驶的实用性和效率，他们比较务实，注重实际问题和解决方案，所以这类人做事比较有条理，善于规划和组织。如果司机喜欢通过驾驶寻求刺激和快感，他们的性格比较冲动，喜欢追求即时的快乐和满足。他们比较敢于冒险，不太在意风险和后果。

2. 驾驶习惯

从一个人开车的细节上，我们可以观察到一些驾驶习惯，这些习惯也间接地反映出他们的性格特点。

如果一个人在开车时始终严格遵守交通规则，这意味着他是一个有责任心、注重秩序和安全的人。他们也比较有耐心，不容易冲动。

开车时喜欢频繁超车或加速的人富有竞争精神，喜欢挑战和超越自己。这类人比较自信，富有冒险精神。在变道和超车时犹豫不决，可能缺乏自信，敢想却不敢做；在变道和超车时非常冲动的人则过于自信，性格浮躁；在变道或超车时总是考虑周围车辆、平稳操作的人，更加细心和体贴，待人接物也极其稳妥；喜欢频繁变道的人，他们对自己的驾驶技能非常自信，能够快速适应不同的交通环境和状况，生活中也是头脑灵活、适应能力强的人，然而，这也暴露出他们的注意力不够集中或缺乏稳定性。

开车经常按喇叭的人比较急躁，缺乏耐心，生活中缺乏情绪管理能力和对挫折的应变能力。他们经常对交通状况或其他司机的行为感到不满或焦虑，需要通过按喇叭来表达自己的不满或提醒他人。这种人城府不深，不太会隐藏锋芒，不能随机应变，遇到困难或者挫折往往会不知所措，不会按照计划行事，所以效率低且缺乏系统性。另外，在夜间或恶劣天气条件下行驶时，开车的人如果总是能及时打开车灯，使用喇叭提醒其他车辆，意味着他们很有责任心和同理心，关心自己和他人的安全。

对车辆保养非常关注的人比较细心，希望确保自己的车辆始终处于最佳状态。他们做事比较有条理，善于计划和组织。

停车时是否考虑他人方便，比如是否留出足够空间给旁边车辆，也能反映出驾驶者的性格特点。如果总是考虑他人，那么这个人通常比较体贴好相处，容易合作；而如果经常占用他人空间，此人则比较自私、我行我素，不考虑他人感受。

在紧急情况下，如突然出现的行人或动物，驾驶者的反应也能体现其性格。冷静应对的人比较沉着、冷静；而过度反应的人则比较焦虑或心理素质较差。同时，如果驾驶者在遇到其他驾驶者的错误时能保持冷静，不轻易发脾气或采取报复行为，这意味着他们比较宽容且有耐心。

3. 驾驶风格

驾驶风格也可以反映一个人的性格。比如，如果驾驶者喜欢快速驾驶，可能意味着他们富有冒险精神，喜欢挑战和刺激。而驾驶缓慢、谨慎的人可能更注重安全和稳定，比较谨慎和内敛。

对坚持按规定速度开车的人来说，开车不过是单纯的通勤，而不是一种快乐或刺激的体验。他们守法，尽自己应尽的义务，通常以平稳、容易控制的速度开车。他们做任何事情都是中庸的态度，即使有很大的把握，也不会骤然冒险，这种人往往为人踏实可靠。

开车速度比规定速度慢的人无疑是小心谨慎的，但是过犹不及，他们对安全范围的把握不够自信，坐在方向盘后面令他们觉得害怕，觉得无法操纵一切，缺乏判断力和决断力，不敢承担责任。还有一类司机，开车时总找机会超速行驶，并为自己的"机智"沾沾自喜。无视规则就是无视危险,这种人一般无知无畏,骄傲自大,不撞南墙不回头。

在等红灯时,绿灯一亮就急忙往前冲的人凡事喜欢比别人抢先一步,喜欢胜利的感觉,争强好斗,竞争意识强。而绿灯亮后,最后发动车的人会将安全和规则放在第一位,懂得避开无谓的竞争,这类人心态平和,做事原则性很强。堵车时不慌不忙的人也是如此,堵车的时候从容不迫,一步一步地跟着去前面的车,情绪不波动,显得很镇静,这样的人性格沉稳、自信、开放,待人随和热情,他们做事稳重周到,关键时刻也能果断作出决定。

开车时沉默不语的人,一般性格内向,不善交际,但是待人真诚,比较感性,和人相处看重第一印象和相处时的感觉,与人处得来时掏心掏肺,对处不来的人也不会刻意将就,所以身边的朋友不多,但都是真心朋友。看重友情的质量而不是数量。这类人一般开车时驾驶风格平稳,不急不躁,为人性格温和有耐心,能够应对压力和挑战。他们可能比较细心,注重细节,并注重与他人的和谐共处。

还有一类人,不愿学开车也不喜欢开车。在生活的各个领域中,这类人习惯退居积极者的背后,不爱出风头,他们的一举一动容易被他人的评价左右。同时,不喜欢开车的人有较强的自卑感,自主意识差,依赖性比较强,他们时常进行自我否定,习惯于被人领导,而不是领导他人。他们往往缺乏安全感,经常觉得受到了威胁,情绪比较消极。他们很在乎别人的看法,做事畏首畏尾,由于缺乏创新冒险精神和特立独行的勇气,总是效仿他人,所以很难有大的收获。

从一个人驾驶汽车的方式中,我们可以观察到他的性格特点,从而更加了解他的内心世界。细心观察,掌握以车观人的小技巧,让我们在人际交往中把握更多的主动权。

第九节　跳舞

舞蹈是一种表现性极强的艺术形式，通过身体的动作、节奏和姿态来传达情感和思想。人们在跳舞时，会不自觉地流露出自己的性格特点和内心世界，从而让人们更好地了解和认识自己。一个人跳舞的方式和喜爱的舞蹈，比言语更能透露出一个人的个性，人可以用语言撒谎，但是很难用跳舞来隐藏真实的感情。

热爱跳舞的人通常具备一些技能和特质，使得他们喜欢用舞蹈这种肢体语言表现自己。一般来说，热爱跳舞的人通常具有极高的热情和毅力。他们对舞蹈的热爱和投入使得他们愿意花费大量的时间和精力来学习和练习。无论是面对技巧上的挑战还是身体的疲劳，他们都能够保持坚定的决心和积极的态度，不断追求进步和提升。

热爱跳舞的人还具备出色的身体素质和协调能力。舞蹈需要身体的灵活性和协调性，而这些特质需要通过长期的训练和锻炼才能获得。热爱跳舞的人通常会在日常生活中注重身体锻炼和保养，以保持良好的身体状态。他们通过不断练习和锻炼，逐渐提高了自己的舞蹈技巧和身体素质，使得他们在舞蹈表演中更加自如和出色。

另外，热爱跳舞的人有丰富的情感表达能力和创造力。舞蹈是一种情感的艺术，需要舞者通过身体语言来传达情感和故事。热爱跳舞的人通常比较敏感和感性，能够深刻理解和感受舞蹈中所蕴含的情感和意义。他们还能够在舞蹈中发挥自己的创造力和想象力，创造出独特的舞蹈作品和表演风格，使得舞蹈更加具有艺术性和感染力。

热爱跳舞的人在社交方面的优势在于他们能够通过舞蹈与不同背景和文化的人们建立联系和互动，增进彼此之间的了解和友谊。他们还能够通过舞蹈展示自己的个性和魅力，吸引他人的注意和赞赏，从而建立更加广泛的社交圈子，获得更多机会和可能性。

舞蹈作为一种跨越语言和文化的艺术形式，也具有很高的审美价值和艺术价值，它能够让人们在欣赏和参与舞蹈的过程中感受并体会这种艺术之美。而通过跳舞的动作和风格可以观察一个人的性格特征。例如，外向的人可能更倾向于选择活泼、欢快的舞蹈，通过大幅度的动作和快速的节奏来表达自己的热情和活力。而内向的人可能更喜欢柔和、抒情的舞蹈，通过细腻的动作和缓慢的节奏来表达自己的情感。下面我们按照舞蹈的具体类型来解析舞者的性格特点。

喜爱芭蕾舞的人：喜爱芭蕾舞的人一般有很强的耐心。他们遵守纪律，具有一定的组织性。他们有一定的理想和追求，常会为自己设定一些目标，然后努力地去达成它们。除此以外，他们的创造性也是很突出的，常会有一些不同于传统的惊人之作。

喜欢跳踢踏舞的人：喜欢跳踢踏舞的人多数精力充沛，表现欲望强烈，希望能够引起别人的注意。在遭遇失败和磨难的时候，他们能够坚持下来，渡过难关。他们的时间观念比较强，时间对他们来说是宝贵的，不会轻易浪费。他们处理事情能够随机应变，在面对任何一件比较棘手的事情时，都能够保持冷静，认真思考应对策略，懂得如何进退，以保全自己。

喜欢探戈的人：喜欢探戈的人大多是不甘于平庸的，他们总是追求生活的绚丽多彩。他们很重视一个人的内涵和修养，在他们看来，这可能是比其他任何东西都重要的。

喜欢华尔兹的人：华尔兹是一种相当优雅、平衡感十足的舞蹈，喜欢这种舞蹈的人多是十分沉着稳重，为人比较亲切、随和，有一定的社会经验和阅历的人。他们精通各种礼仪，善于捕捉人与人之间十分微妙的关系。所以在为人处世、待人接物等方面，他们总会表现得十分得体、恰到好处，在无形之中流露出一种成熟而又高贵的气质。

喜欢拉丁舞的人：拉丁舞包括桑巴、恰恰、马林巴、亲波萨舞等。喜爱这些舞蹈的人，大多是精力充沛而又魅力十足的，他们有很强的自我表现欲，希望能够吸引更多人的目光，而实际上，他们也很容易引起别人的关注。

喜欢跳摇滚舞的人：喜欢跳摇滚舞的人大多年轻，毕竟这是一种需要耗费大量体力的舞蹈，人上了年纪，即使是喜欢，也不大可能跳了。无论是喜欢跳的还是喜欢而无法跳的，他们大多是充满叛逆思想的人。摇滚往往更容易使人宣泄自己心中的不满情绪，因此他们的思想大多是比较时尚、前卫的，但这些时尚、前卫的思想往往又很难被人理解，更不要说认可了，所以说他们又是相当孤僻的一群人。

喜欢跳交际舞的人：喜欢交际舞的人通常比较外向和热情，喜欢与人交往和互动。他们善于通过舞蹈来展示自己的魅力和个性，同时也能够欣赏和接纳他人的舞蹈风格。喜欢交际舞的人通常也比较注重自己的形象和气质。他们会在穿着、化妆和仪态等方面下功夫，以展现出最佳的舞蹈效果。喜欢交际舞的人通常也具备一定的艺术修养和审美能力。

跳舞是一种富有表现力、能够展现个人性格特征的艺术形式。不同性格的人在跳舞时会展现出各具特色的形体语言和情感表达。

性格外向的人在跳舞时通常表现得活力四射。他们喜欢四处游动，头与手臂的动作多，展现出强烈的自信和表现力。他们会选择节奏明快、动感的舞蹈，如拉丁舞或街舞，以充分释放自己的能量和热情。

性格随和的人在跳舞时则表现得相对舒缓。他们喜欢一边摆手，一边有节奏地移动身体，展现出一种优雅和从容。他们更倾向于选择柔和、优雅的舞蹈，如华尔兹或芭蕾舞，以表达自己对美的追求和欣赏。

思想开放的人在跳舞时更喜欢站在某处，有规律地晃动身体，而不是到处走动。他们更注重舞蹈的内涵和节奏，通过舞蹈来表达自己的思考和感受。他们会选择一些具有艺术性和创造性的舞蹈，如现代舞或爵士舞，以展示自己的独特个性和审美。

责任心强的人在跳舞时会展现出严谨和专注。他们喜欢大步挪动，手臂的活动幅度也较大，展现出强烈的控制力和稳定性。他们更倾向于选择具有结构和层次的舞蹈，如民族舞或古典舞，以展现自己的技艺和修养。

第十节 玩游戏

游戏是一项给人带来愉悦和快乐的活动。玩家自愿和自主参与，遵守游戏规则，通过各种方式的努力达成游戏目标，完成挑战。游戏往往是一种虚构和想象的活动。玩家可以体验到不同于现实世界的冒险和想象，使得游戏成为一种独特的娱乐和文化形式。

通过对方喜欢的游戏类型、游戏中的行为表现及游戏中的策略选择，我们可以得到一些线索，从而深入了解对方的兴趣、性格和思维方式。

1. 根据喜欢的游戏类型了解你的对手

对方喜欢的游戏类型可以揭示出他们的兴趣偏好。不同的人对游戏有不同的偏好，这种偏好就是性格的一种体现。

喜欢棋牌类游戏的人才思敏捷，不怕挑战，有较强的逻辑思维和决策能力，这类人十分理智，有耐性，他们精通人情世故，懂得下棋之道，也了解为人处世之道。不同的下棋方法，反映人的不同性格。有人喜欢出其不意，一步搞定输赢；有人喜欢稳扎稳打，循序渐进；有人喜欢出乎意料地走一步不平凡的棋；有人经常悔棋；有人下棋顾前不顾后，善始不善终。不同年龄的人下棋的风格也不相同。年轻人喜欢风风火火，不讲谋略；老年人喜欢先进行一番思考之后再行动，讲究策略。有人在生活中，常常要忍受各种压力，想要通过下棋追求刺激，打破一成不变的平静生活；有人在平时生活中也许会很安静温和，但是在下棋时可能会非常凶猛。人们往往希望通过下棋平衡心态，充实生活。所以，有些人表面看起来云淡风轻，实际上胸中自有丘壑，但大都看淡名利，追求诗歌田园般的精神满足。

喜欢文字游戏的人头脑灵活，反应敏捷，适应环境的能力很强，能积极主动地融入集体，善于与周围人协调。这类人的观察力敏锐，能够既快又准地洞察人的内心世界，在他人提出要求之前，就能先让其满足，因此他们在为人处世方面获得周围人的好评。

喜欢数字游戏的人逻辑思维能力特别强。这类人的生活非常有规律，在什么时间就做什么事情。在人际交往方面，他们一板一眼，甚至有些不近人情，往往会惹得别人不开心。

喜欢打电子竞技游戏的人喜欢接受挑战和追求刺激感。他们可能喜欢尝试新事物，对未知领域充满好奇心。电子竞技游戏通常具有一定的挑战性和刺激性，注重技能和策略，喜欢电子竞技游戏的人善于思考和分析问题。许多电子竞技游戏都具有社交和互动功能，因此，喜欢电子竞技游戏的人喜欢与他人互动和合作，具有较强的社交能力，同时具有耐心和毅力，能够坚持不懈地追求自己的目标。

喜欢玩几何图形游戏的人性格独立，对任何事物都有自己独到的见解，不会随波逐流。为人深沉而内敛，做事小心谨慎，有条理有计划，凡事都要经过深思熟虑，在制定出应对的策略后才开始行动。

喜欢玩魔方的人头脑聪明，具有丰富的想象力和创造力，喜欢自己动手制作一些小玩意儿。这类人自主意识比较强，富有开拓新领域的魄力和动力，而且不太喜欢别人插手，喜欢独立完成。即使这期间要花费大量时间、精力和金钱，他们仍然会坚持到底，具有极强的耐力。

喜欢猜字谜的人言谈举止高雅，具有一定的学识和文化修养，男士显示出十足的绅士风度，女士则尽显淑女风范，意志坚强有责任心，做事讲究效率，凡事追求事半功倍。

喜欢拼图游戏的人注重细节，善于观察和发现问题，具有较强的创造力和空间想象力，能够灵活地解决问题。他们对自己很有信心，忍耐力很强，面对挫折或者失败，总是能保持昂扬的斗志，让一切重新开始，为自己打造新的天地。

喜欢动作和冒险游戏的人往往比较勇敢。他们追求刺激和快感，有较强的竞争意识和自我挑战精神。

喜欢角色扮演游戏的人比较富有想象力和创造力，喜欢沉浸在虚构的世界中。他们也比较注重情感表达和情感体验，善于理解他人，能感受他人的情感。

喜欢社交和休闲游戏的人比较注重人际交往，喜欢与他人合作、交流和分享。他们乐观开朗，善于在轻松愉快的氛围中享受生活的乐趣。

2. 从游戏中的行为表现洞察性格特征

一个人在游戏中的行为表现也可以反映出他们的性格特征。例如，在游戏中表现出冷静、沉着的对手可能是一个理性、稳健的人，而表现出冲动、激进的对手可能更加情绪化、富有激情。此外，对手在游戏中是否愿意与他人合作、是否尊重规则等行为也可以揭示出他们的道德观念和社交习惯。以下是几种常见的性格类型及其在游戏中的行为特征。

外向的人通常喜欢在游戏中表现自己，积极参与并主导游戏进程。他们可能喜欢选择攻击性强、主动出击的角色，乐于与其他玩家互动和合作，善于在团队中发挥领导作用。

内向的人可能更倾向于在游戏中保持低调和谨慎，他们可能选择那些不太需要与人互动或领导他人的角色。他们可能更注重游戏中的个人成就和体验，而不是与他人竞争或合作。

冲动的人可能在游戏中表现出快速决策和冒险的倾向。他们可能喜欢选择高风险、高回报的策略，不太考虑后果，追求即时的刺激和快感。

谨慎的人则可能更注重游戏中的规划和策略，他们可能喜欢仔细分析游戏情况，选择相对安全的策略，以确保长期的游戏成果。

竞争性强的人可能喜欢在游戏中挑战他人，追求高排名和胜利。他们可能具有强烈的胜负欲和对抗精神，乐于与其他玩家进行竞争和对抗。

合作性强的人则可能更喜欢在游戏中与他人合作，共同完成任务和挑战。他们可能注重团队合作和协调，善于在团队中发挥协作和配合的作用。

3. 从游戏中的策略选择揭示思维方式和决策风格

对手在游戏中的策略选择可以揭示出他们的思维方式和决策风格。例如，在策略游戏中，对手是否善于规划长远、是否能够在压力下保持冷静、是否善于利用资源等行为可以反映出他们的战略眼光和执行能力。

逻辑思维和决策能力：在游戏中，玩家需要考虑游戏中的各种因素，如资源、敌人、地形等，并制定出相应的策略。这种策略选择能够体现出玩家的逻辑思维和决策能力。

风险承受能力和冒险精神：在游戏中，不同的策略可能带来不同的风险和回报。一些策略可能更加安全，但回报较低；而一些策略可能风险较高，但回报也更高。玩家在选择策略时，需要考虑风险和收益。选择高风险策略的玩家可能更加富有冒险精神，愿意为了更大的回报承担更大的风险。

耐心和长远规划：一些游戏需要玩家进行长期的规划和建设，以达到长远的游戏目标。这种策略选择需要玩家具备耐心和长远规划的能力，不急于求成，注重积累和发展。

适应能力和创新能力：游戏中的环境和规则可能会不断变化，玩家需要适应这些变化并调整自己的策略。这种策略选择能够体现出玩家的适应能力和创新能力，能够灵活应对游戏中的各种挑战。

团队合作和领导能力：在一些多人在线游戏中，玩家需要与其他玩家合作制定策略，共同完成任务和挑战。这种策略选择需要玩家具备良好的团队合作和领导能力，能够协调团队成员，制定出有效的策略。

知己知彼，百战不殆，学会观察了解对手，不仅可以在游戏中战无不胜，也是人际关系中的制胜法宝。

游戏是人类娱乐和休闲的一种重要方式。通过游戏，人们可以在忙碌的生活中找到乐趣，减轻压力和焦虑，提高生活质量。游戏也是一种社交活动，人们可以通过游戏结识新朋友，与志同道合的人交流互动，增强社交能力。同时，游戏也可以作为一种团队活动，促进团队合作和沟通。

第十一节　养宠物

关于人类为什么养宠物，最通常的观点是"陪伴"。其实，养宠物除了"陪伴"之外，还有与宠物交流获得的乐趣和满足。当下，年轻人已经成为养宠物的主力军。无论有钱没钱，都离不开宠物的陪伴。而且宠物的范围也从以猫狗为主扩大到了蛇、鸭子、蜥蜴、蜘蛛等。

有的人养宠物是为了传播爱心，有的人也许是为了追求时尚的消遣，当然，也有人是为了追求新鲜和刺激——比如养一条蛇或一只蜥蜴。其实，无论养的是什么，你所选择养的宠物，与它们相处时的方式都是你内心潜在的一种表现形式。简单来说，那些宠物，有可能就是你潜在性格的一个延伸。

喜欢养宠物的人通常具备一系列积极的性格特点。他们往往对动物充满爱心和关怀，愿意为宠物的幸福和健康投入大量的时间和精力。养宠物需要投入大量的耐心，喜欢养宠物的人更加宽容并具有同理心。养宠物是一项重要的责任，需要细心照料和关注宠物的需求。所以喜欢养宠物的人更具责任感，这种责任感不仅体现在对宠物的照顾上，也可能反映在他们的日常生活中，如对待家人、朋友和社区的关心和照顾。此外，喜欢养宠物的人还可能具备乐观和积极的生活态度。他们乐于享受与宠物相伴的时光，从宠物身上获得快乐和满足感。这种乐观的态度有助于他们更好地应对生活中的挑战和压力，保持积极的心态。这些特点使他们在与宠物相伴的过程中获得快乐和满足感，同时也为宠物提供了温暖和关爱。

心理学研究揭示了一个有趣的现象：人们常常在无意识之中，选择那些与自己外貌相似或性格相符的宠物作为伴侣。举例来说，行事从容不迫的主人，往往青睐那悠闲自在的金鱼；而那些行动敏捷、口才了得的人，则偏爱活泼好动、喜欢吠叫的狗狗；至于性格较为神经质的人，他们或许会选择蛇作为宠物，以某种方式映照出内心的特质。更值得一提的是，那些偏爱大型犬的人，往往内心充满优越感；而钟爱小型犬的人，则渴望得到更多的关注和宠爱。甚至，那些贪吃的主人，也会将自己的宠物养得圆滚滚、肥嘟嘟的，仿佛是他们自身欲望的一种外在投射。从这些宠物的身上，我们不难窥见主人的性格特点，它们就像是主人内心世界的一面镜子，反映出主人内在的特质与情感。

养狗的人往往非常有爱心和责任心。因为狗狗需要定期照顾、训练和陪伴，所以养狗的人通常都很有耐心，并且乐于投入时间和精力。他们往往也很善于社交，因为遛狗是个很好的社交活动，可以结识很多志同道合的朋友。

养猫的人通常比较独立和内敛。猫咪的性格相对独立，不需要过多的陪伴和照顾，所以养猫的人可能更喜欢安静、独处的时光。他们往往心思细腻，善于观察，能够捕捉到猫咪微妙的情绪变化。

养鸟的人往往对大自然有着深厚的热爱，他们欣赏鸟类的美丽与灵动，愿意花时间观察和照顾它们。他们也倾向于追求生活的和谐与平衡，通过养鸟来营造一个宁静而舒适的家居环境。养鸟需要耐心和细心，与鸟类的互动可能使养鸟的人更趋向于平和与内敛。鸟类通常不像猫狗那样需要大量运动和互动，而是更享受安静的环境。因此，养鸟的人可能更倾向于享受独处或与少数亲密的人相处的时光，他们可能更喜欢阅读、思考或进行其他较为静态的活动。

养鱼的人内心平和宁静，养鱼需要耐心和细致地观察，他们通常能够冷静地应对各种情况，不容易被外界所干扰；他们具备细心和关注细节的能力。他们通常能够注意到微小的变化，并及时采取措施。鱼缸中的鱼儿和水草等生物可以构成一幅美丽的画面，喜欢养鱼的人通常具备较高的审美能力，能够欣赏并创造这样的美景。

喜欢养昆虫的人对自然界和生物多样性持有浓厚的兴趣，具有细致入微的观察力。昆虫的生活习性、形态结构以及繁殖方式等都需要饲主仔细观察和研究，这就要求他们具备敏锐的洞察力和耐心。他们有较强的探索精神和好奇心。他们喜欢探索昆虫世界的奥秘，对昆虫的种种特性感到好奇，并愿意投入时间和精力去研究和了解它们。他们在面对昆虫世界时能够保持敏感和开放的心态，并从中获得乐趣和成就感。

养爬行动物的人更加冷静和理性。爬行动物通常不需要过多关注和照顾，但它们的饲养需要一定的专业知识和技巧。因此，养爬行动物的人往往比较注重学习和研究，善于处理各种突发情况。

另外，有证据表明养宠物能提升身心健康状态。研究表明，相比非宠物主人，养宠物的人更不易感到孤单，拥有更强的自尊心和更外向的性格，这些特质共同增强了他们的幸福感。最近一项为期12年的研究发现，养狗者的寿命更长也更健康，其死亡风险降低了20%，死于心血管疾病的概率也减少了23%。

第十二节　旅游

想出门旅游是人类的天性，出门的理由各不相同，比如不愿只待在同一个地方，想满足好奇心或缓解压力，换换生活的环境，结交新朋友，体验异域景观，在未知中冒险，见识不同地方的人们的生活状态等。

旅游能让我们暂时摆脱日常生活的烦琐和压力，让我们有机会放松身心，享受一段美好的时光。在旅途中，我们会结识来自不同地方的人，通过交流和分享，还能增强共情能力，更轻松地掌握人际关系。

喜欢旅游的人通常性格开朗，好奇心强，喜欢探索未知的领域。他们往往有很强的适应能力，能够在不同的环境中迅速融入并享受其中。而且，他们通常也热爱自由，不喜欢被束缚，希望用自己的方式去感受和体验世界。所以，通过一个人对旅游的喜好，我们可以了解他的个性和心理。

1. 旅游目的地的选择

喜欢选择那些宁静祥和、自然风光优美的地方，比如山水田园、海滨小镇等，那么这类人通常性格比较温和、内敛，喜欢追求心灵的平静与宁静。他们更倾向于享受大自然的美好，寻求内心的安宁与放松。

钟爱那些充满历史底蕴和文化氛围的古城古镇，喜欢探寻古迹、品味历史，这类人通常对历史和文化有着浓厚的兴趣，具备较高的文化素养和审美水平。他们性格中带有一种深沉、思考的特点，喜欢通过旅游来丰富自己的知识和见识。

偏爱那些充满刺激和挑战的极限旅游目的地，比如高山峻岭、荒漠戈壁等，那么这类人通常性格比较勇敢、冒险，喜欢挑战自我，追求刺激与新鲜感。他们具备较强的抗压能力和适应能力，在旅途中不断突破自己的极限。

喜欢选择那些繁华都市、时尚购物中心作为旅游目的地，享受城市的繁华与喧嚣，这类人可能性格比较外向、开放，喜欢追求时尚与潮流。他们具备较强的社交能力和人际交往能力，在旅途中善于结识新朋友，拓展社交圈子。

2. 不同的旅行方式

喜欢跟团旅游的人，他们通常比较注重安全和稳定。跟团旅游意味着一切都有安排，不需要自己费心去规划行程，这种方式让他们感到放心和省心。这类人往往比较保守，不太愿意冒险尝试新事物，他们更享受在熟悉和安全的环境中旅行。

喜欢自由行的人，他们通常比较独立、自主。他们喜欢自由安排行程，按照自己的节奏去旅行，不受任何束缚。这类人往往有着强烈的个性和自我主张，他们喜欢挑战自我，追求自由和新鲜感。

热爱探险旅行的人，他们往往具备冒险精神和挑战自我的勇气。他们喜欢挑战未知，探索新奇的事物，不畏艰难险阻。这样的人通常比较勇敢、果断，敢于突破传统束缚，追求自己的梦想和目标。

喜欢文化旅行的人，则可能更看重精神层面的满足。他们享受在旅行中感受不同文化的熏陶，了解各地的历史、风俗和艺术。这样的人通常比较细腻、感性，善于观察和思考，对人文历史有着浓厚的兴趣。

3. 交通工具的选择和偏好

喜欢坐飞机旅行的人，他们往往追求高效和速度。他们注重时间的利用，不喜欢在路上浪费太多时间。这样的人通常比较果断、有目标导向，喜欢追求新鲜感和刺激。他们可能是那种在职场上追求高效率，生活中也追求快节奏的人。

喜欢坐高铁旅行的人，则可能更注重舒适和便捷。他们享受高铁带来的快速和稳定，同时也欣赏沿途的风景。这样的人通常比较注重品质，追求舒适和享受。他们可能是那种懂得享受生活、追求平衡的人。

喜欢坐轮船旅行的人，往往有着浪漫和冒险的情怀。他们享受在大海上航行的感觉，喜欢面对未知的挑战。这样的人通常比较开放、乐观，有着丰富的想象力和创造力。他们可能是那种对生活充满热情、喜欢追求新奇和刺激的人。

喜欢自驾游的人，他们通常比较勇敢。自驾游需要面对各种路况和突发情况，这需要一定的勇气和应对能力。这类人往往喜欢追求刺激和冒险，他们享受在路上的感觉，喜欢探索未知的领域。

喜欢选择骑行、徒步的人通常坚韧、有毅力。这类人通常比较独立、自主，喜欢追求自由和探险。他们是那种有着强烈自我驱动力、勇于挑战自我的人。骑行和徒步需要长时间的行走和体力消耗，这需要他们有足够的耐心和毅力去坚持。这类人往往比较注重环保和健康，他们享受与大自然亲密接触的感觉，追求身心的和谐与平衡。

4. 旅途中的表现

首先，看旅途中的情绪状态。如果总是充满活力，兴高采烈，那么这类人通常性格比较开朗、乐观。他们善于调整自己的情绪，无论遇到什么困难都能保持积极的心态。相反，如果在旅途中显得焦躁不安，经常抱怨，那么这类人可能比较内向、悲观。他们容易受到外界环境的影响，情绪起伏较大，需要更多的安抚和关心。

其次，观察旅途中的行为举止。如果乐于助人，经常主动帮助他人解决问题，那么这类人通常性格比较善良、热心。他们懂得关心他人，乐于助人，是值得信赖的朋友。如果在旅途中自私自利，只考虑自己的利益，那么这类人比较自私、冷漠。他们缺乏同情心，不关心他人的感受，难以与人建立良好的关系。

最后，看旅途中的适应能力。如果能够迅速适应新的环境，面对变化时能够灵活应对，那么这类人通常比较聪明、机智。他们具备较强的适应能力和解决问题的能力，能够在复杂的环境中游刃有余。相反，如果在旅途中显得手忙脚乱，无法适应新的环境，那么这类人比较迟钝，缺乏应变能力。他们面对变化时容易感到困惑和无助，需要更多的指导和帮助。

5. 对待旅游伙伴的态度

对旅游伙伴非常友善和体贴，时刻关心着伙伴的需求和感受的人，通常是温暖、善良的人。他们懂得尊重他人，乐于助人，愿意为伙伴付出，是值得信赖的旅伴。如果对旅游伙伴态度冷漠，甚至经常挑剔和抱怨，那么这类人比较自私、冷漠，只关心自己的利益，不考虑伙伴的感受，难以与人建立良好的关系。

观察在遇到困难时对待伙伴的态度。如果能够在困难时刻给予伙伴鼓励和支持，共同面对问题，那么这类人通常比较勇敢、坚强。他们具备责任感，愿意为团队贡献自己的力量。相反，如果在遇到困难时选择逃避或者责怪伙伴，那么这类人比较懦弱、缺乏担当。他们缺乏解决问题的能力，不愿意承担责任，容易影响团队的凝聚力。

观察在旅途中与伙伴的沟通方式。如果能够积极与伙伴交流，分享自己的感受和想法，倾听伙伴的意见，那么这类人通常比较开朗，善于沟通。他们懂得尊重他人，能够建立良好的人际关系。相反，如果在旅途中与伙伴沟通甚少，甚至经常产生冲突和矛盾，那么这类人比较内向、固执，难以与他人建立良好的沟通，缺乏解决问题的耐心和包容心。

旅游能给人带来放松和愉悦的感觉。当我们身处美丽的自然风景或充满异国情调的地方时，心情往往会变得格外舒畅。这种愉悦感有助于缓解日常生活中的压力和焦虑，让我们暂时忘却烦恼，享受片刻的宁静与自由。通过旅行，我们可以接触到不同的人、文化、风俗和观念，这些新鲜的体验能够激发我们的好奇心和求知欲，促进个人的成长和发展。此外，在旅行中，我们可以尝试新的美食、参与有趣的活动、结识新的朋友，这些都会带给我们愉悦和满足的体验。同时，旅游也能让我们更加珍惜和感恩生活中的美好时光，提升我们的生活质量。

第十三节　体育运动

体育运动不仅有益于身体健康，激发人的勇气和自信，还可以唤起一个人的理想，并激发出巨大的热情。研究表明，体育运动给人带来的心理影响程度，要远远高于对身体的影响。

从共性上来看，喜欢体育运动的人，通常具备一系列积极健康的性格特点。

首先，这类人通常高度自律。他们能够自我管理和约束，坚持规律的锻炼计划。无论是每日的快走或慢跑，还是定期的游泳或健身，他们都能克服惰性，按时运动。这种自律性也反映在他们的生活和工作中，使他们能够高效地完成各项任务。

其次，他们热爱生活，积极向上。喜欢运动的人往往对生活充满热情，他们乐于挑战自我，不断追求更高的目标。运动不仅让他们保持健康的体魄，还让他们享受到运动的乐趣，感受到生活的美好。他们乐观的心态和积极的生活态度，使他们能够面对生活中的各种挑战和困难。

非常重要的一点，就是这类人通常具备较强的毅力和耐力。快走、慢跑等有氧运动需要长时间的坚持和持续的努力，游泳、划船等运动则对身体的力量和耐力有一定的要求。喜欢这些运动的人往往能够坚持不懈地锻炼，克服身体上的疲劳和不适，展现出顽强的毅力和出色的耐力。

此外，他们通常具有开放和包容的心态。运动是一种很好的释放压力、放松心情的方式，通过运动，人们可以舒缓紧张的情绪，调整心态。喜欢运动的人往往能够保持平和的心态，对待生活中的挫折和困难也能够以更积极的心态去面对。同时，他们也乐于与他人分享运动的乐趣，结交新朋友，拓展社交圈。

最后，这类人通常注重健康和身体保养。他们深知身体健康是享受生活、追求梦想的基础，因此他们会注重饮食营养的搭配，保证充足的睡眠和休息，以保持良好的身体状态。

1. 不同的运动项目和运动方式吸引不同性格特质的人

体育运动的类型、对具体运动的喜好以及运动的态度都能够体现人的性格。不同类型的体育运动吸引不同性格特质的人。

团队运动体现合作精神。团队运动如足球、篮球、排球等，往往需要队员们紧密合作、相互信任，共同达成目标。参与这类运动的人通常具备较强的团队合作精神和沟通能力，他们懂得如何在团队中发挥自己的作用，同时也善于与他人协作，共同解决问题。

个人运动体现独立坚韧。个人运动如游泳、跑步等，则更多地体现了运动员的坚韧不拔。这些运动往往需要运动员独自面对挑战，克服困难，因此参与者通常具备较强的自我驱动力和意志力，能够在困难面前坚持不懈。

竞技运动体现竞争意识。竞技运动往往伴随着激烈的竞争，无论是奥运会还是普通的比赛，都需要运动员具备强烈的竞争意识。这种竞争不仅体现在对胜利的渴望上，还体现在对自我突破的追求上。因此，喜欢竞技运动的人通常具备较强的竞争意识和进取心，他们勇于接受挑战，追求卓越。

2. 喜好反映性格和兴趣爱好

喜欢快走的人通常具备积极向上的心态和活力。他们往往充满朝气，具有充沛的精力，善于把握生活的节奏。快走这种运动方式需要一定的耐心和毅力，因此他们通常具备较强的自律性和毅力。同时，他们乐于接受挑战，追求更高的目标，不断超越自我。

喜欢慢跑的人则可能更倾向于享受运动带来的宁静和放松。他们通常性格温和，善于调节自己的情绪，能够保持冷静和理智。慢跑需要持久的耐力和坚韧的意志，因此他们往往具备很强的毅力和决心。他们注重细节又善于观察，能够在平凡的生活中发现美好。

喜欢长跑、马拉松等耐力运动的人具有坚强的毅力。这些运动需要长期的坚持和训练，需要非凡的意志力和耐力，因此他们大都是意志坚定的长期主义者。

游泳爱好者往往具有开朗自信的性格。他们乐于面对挑战，勇于探索未知领域。游泳需要克服水的阻力和对水的恐惧，因此他们通常具备较强的勇气和冒险精神。同时，他们善于调节呼吸和节奏，保持身心的和谐与平衡。

喜欢骑自行车的人可能具备探索精神和好奇心。他们渴望体验新事物，喜欢在不同的环境中挑战自我。骑自行车需要较强的身体协调性和平衡能力，因此他们通常具备较强的身体素质和灵活的思维。同时，他们注重环保和低碳生活，具有环保意识和社会责任感。

划船爱好者可能具备坚韧不拔的毅力和团队合作精神。划船需要长时间的训练和配合，需要克服各种困难和挑战。因此，他们通常具备较强的毅力和耐心，能够坚持不懈地追求目标。同时，他们注重团队协作和沟通，善于与他人合作解决问题。

喜欢健美的人往往具有积极向上的心态和自律性。他们注重身体健康和外貌形象，追求更好的自我。健美需要坚持和耐心，因此他们通常具备较强的毅力和恒心。同时，他们可能具有领袖意识，善于组织和激励他人一起参与运动。

喜欢健身操的人通常活力四溢，健身操作为一种充满活力的运动方式，往往吸引那些充满朝气、喜欢展现自己活力的人。同时，健身操还是一种积极向上的运动方式，它有助于释放压力、缓解疲劳，让人感到轻松和愉快。因此，喜欢健身操的人通常具备乐观向上的心态，能够积极面对生活中的挑战和困难。

喜欢做瑜伽的人注重内在修养，瑜伽强调身心合一，喜欢瑜伽的人往往追求内在平静与和谐。他们注重精神层面的修养，追求心灵的宁静和满足。他们坚持每天练习，逐渐感受到身心的变化，通常具备极大的耐心和毅力。喜欢瑜伽的人能够轻松地完成各种瑜伽体式，往往具备较好的身体柔韧性和灵活性。

喜欢攀岩和极限运动的人富有冒险精神和挑战自我的勇气。攀岩和极限运动往往伴随着高风险和挑战，参与者必须面对并克服各种困难和恐惧，他们敢于挑战自己的极限，勇于尝试新事物。这类人通常对生活充满热情和活力，喜欢追求刺激和新鲜感。

喜欢篮球的人，通常具备团队精神和协作能力。他们在球场上能够迅速适应团队节奏，善于与队友沟通配合，共同面对挑战。他们通常具有竞争意识和领导能力，能够带领团队取得胜利。

喜欢踢足球的人积极乐观。他们往往具有很强的目标性，而且拼劲十足，在竞争中成功的可能性很大。另外，这类人比较理智，属于拿得起放得下的类型。

喜爱打排球的人不拘小节，功利心不强，不会过于争强好胜。在做事的过程中，他们更看重过程本身，而不是结果。

喜欢打网球的人多是一些有礼貌有修养有风度的人，在与人相处时彬彬有礼。这类人对自己要求往往很高，十分严格，近乎苛刻，做任何事情都力求完美。

3. 运动中的态度体现性格特质

有些人面对失败能够坦然接受，并从中吸取教训，这体现了他们的乐观和坚韧；而有些人则可能因为一次失败而沮丧不已，这可能与他们的情绪稳定性和自我调节能力有关。

竞争意识特别强的人，他们在比赛中总是拼尽全力，追求胜利。这样的人，通常都有强烈的野心和目标，他们不甘平庸，总是希望能在人群中脱颖而出。

擅长团队合作的人，他们在运动中总是能和队友默契配合，共同为胜利努力。这样的人，通常都懂得关心他人，善于在团队中发挥自己的作用。

毅力非凡的人，他们在比赛中无论遇到多少困难，都能坚持到底。这样的人，通常都有很强的决心和毅力，他们在生活中也一定能够面对各种挑战。

自信满满的人，他们在运动中总是能展现出自己的风采。这样的人，通常都有很强的自我认知和自信心，他们相信自己有能力做好每一件事情。

情绪稳定的人，在比赛中无论遇到什么情况，都能保持冷静和理智。这样的人，通常都有很好的自制力和耐心，他们在生活中也一定能够处理好各种复杂情况。

体育运动与人的性格之间有着密切的联系。我们通过观察一个人所喜欢的体育运动，可以更好地了解其性格特质和兴趣爱好，从而更全面地认识他们。现实生活中，越是对人生有规划有远见的人越是重视体育运动。体育运动对人的性格有着潜移默化的影响，这些无形的影响有助于他们在体育领域取得成功，也有助于他们在生活和工作中更好地应对各种挑战和困难。